上海おばさん日記

山野なつみ
Yamano Natsumi

BookWay

おばさんの紹介

日記は人に言えない自分の本音や、内緒事、時には悪口を書いたりして、一人ニヤリとするものであるけれど、おばさんは一人で楽しむより三人で姦しく笑いたくなり、内緒で本にすることにした。なにしろ、真面目に生活しているつもりなのに、どういうわけかドジなことばかりする。悪友が「さぞかし上海ではドジばかりしていたのであろう、ぜひ聞きたい」とけしかけた。上海では楽しく一生懸命に見聞し、知識を深めた。おだてに弱く、まんまと乗ってしまいまとめてみた。

まずは宣伝におばさんの紹介をしろと、悪友が言う、その本心は、どんなおばさんか今までの失敗を紹介しろとのことらしいのであるが、普通の日本のおばさんです。「普通のおばさんが怒るわよ」と悪友が睨んでいるが、体型から言ってまさに普通のおばさん。「普通と違うよ、あなたからの遺伝子がちゃんと証明しているよ」確かに、おばさんに似た発想をマスプロで披露した息子という遺伝子もいたかもしれない。「体型は違うぞ」どこかでその遺伝子の声もする、けれど断じていう、普通のおばさんである。確かに妙な見聞は普通以上かもしれない。どんな見聞かは読んで判断してください。

十二月六日

おばさんは夫の退職でほっとする一方で老夫婦の暇時間の付き合い方に戸惑った六か月後、なんと海外赴任のお仕事が夫に入ってきた。その初めての海外赴任は上海天文台の招きで中国の上海市、折しも社会情勢は中国との間に暗雲が流れている。介護保険付きの老夫婦に子供たちからは「だめだったら、すぐに帰ってきなさい。歳だから」と励まされ、出発のフライト、いや、ヨッコラショと座席のベルトを締めたのが二〇一〇年十二月六日午後一時三十分、羽田発虹橋空港へ出発。考えてみると郷里の長野に行くより短い時間で目的地に着くのである。

羽田空港は国際化で観光の名所になり騒々しい。空港内で日本食も最後かと、旅館の朝食のような和食を食べたのがついさっき、そのお腹いっぱいの前に機内食の中華定食がドンと来た。老年太りを考えて、好きなものだけを食べ、親譲りのもったいない精神をそっと捨てて機内食に蓋をし窓の外を見た。手を振ると相手の顔がわかるほどの低空飛行の下は、住宅・畑・道路。もうすでに着陸態勢に入っていた。機体が傾き墜落かと思いきや見事な着陸。初めての海外生活に歳を忘れて、楽しもうのおばさんは、キーボードまで持参の生活が始まった。こう見えても一応ショパンの簡単な曲は弾ける。

出迎えは、学生の頃から顔なじみである中国の若者と、日本人の研究者二人。日本人のＨ氏は、通称ポストドクと言われる研究者で、博士号を取得しても日本での就職口がなく、海外で短期の職に就き、世界各国を回っている。そんな苦しい研究環境に負けず、彼はおおらかに笑い、人生の楽しさはスペインで、研究生活はドイツそして食生活の楽しさは中国と空港から住居までの道すがら話してくれた。その横顔を母親の思いでながめながら、「日本の研究機関よ、しっかりせい。素晴らしい人材と未来への確実な遺伝子を失う」とひそかにおばさんは心で叫んでいた。

車の中は英語・中国語・日本語がしどろもどろに飛び交う。日本語一本のおばさんに「だから、しっかりと英語だけでも勉強しろと言ったのに」と言いたげなおじさんの目がチラチラと見ている。

おばさんだって、顔はにこやかに頭の中では英文法を、そしてやっと英語のセンテンスが出来上がった頃には、車の中は中国語になり、見事な英語は闇に葬られ、笑顔だけが続いた。

虹橋空港から上海天文台は近く、背高のっぽの建物や、屋上に妙な飾りのついているマンションなどに驚いている間についてしまった。そして、これもまた、屋上にドームが乗った十八階建の上海科学院上海天文台の玄関に着き、荷物を住居に運んだ。

恐ろしいことに住居は、その横の七階建の建物で、七階のおばさんの仕事場であるキッチンの大きな窓からは、手を振ると目の前のガラス越しにおじさんの職場が丸見えなのである。中国と日本の国際情勢とは裏腹にガラス張りの生活は始まった。


キッチンは窓ばかりは大きいが、賄をするコンロは日本の単身マンションのそれより簡単で小さく、片手で持ちあがる電磁コンロ一つ、と、電子レンジ。

「まあ、チンすればいいのか」

料理に凝ることはない、面倒な日本食を作らずに済むと、おばさんはほっとしていた。

「うん、便利かも、便利簡単が一番」

料理が得意でないおばさんは良い言い訳が出来て、このコンパクトさがひどく気に入り、満足した。


上海の老夫婦の新婚ならぬ旧婚の住居は大きなダブルベッドとシングルベッドのある寝室、リビングには革張りで少し破れている二人掛けの黒いソファーに同じ黒いシングルソファー、そして、アンマッチな大きな事務机と大きなパイプ椅子四脚が大半を占めている。もちろんテレビもある。

味気ない住まいは老旧婚者には十分である、が、実はおばさんたちの日本の住居は、三人の子供のいた事と郊外の古い住宅地であることから、部屋数は多く広かった。その上に子供たちは全員が勤めの近くに一人暮らし、空き部屋が多いから夫婦はそれぞれの部屋がある。その上、二人ともいびきは歳相応に響かせている。ダブルベッドは困るのである。

「おれ、これでいい、隅にうまくくっつけて」

もともとちんまりと隅が好きなおじさんは、ダブルベッドの大きな背板を屏風として境に立て東隅の壁にシングルベッドをくっつけて部屋風にして、自分の居場所にした。大きな寝室はさしずめ仲の悪い夫婦の寝室のように、二部屋風に分解された。もちろんおばさんは大きいダブルベッドが大好きである。

持ってきたものや、用意された、いや誰かがおいていったものを整理し、きれい好きではないおばさんではあるが、来る時の道の汚さと、土足で入る中国の習慣を知っただけに、持ってきたタオルを犠牲にして、早速、棚や机の中を雑巾で拭き始めた。

「やっときれいになったわ」

「この位ものがないと快適だ」

ほっとした時である、

「ニイハオ、どう足りないものはありませんか」

マダムイエが心配して見に来た。マダムイエは、上海社会では有名人である。くわしい彼女については次の機会に紹介するとして、おばさんはそっと寝室のドアを何気ないように閉めた。

「何か必要なものがあったら、ツーさんに言ってください」

ツーさんとはマダムイエの秘書である。

「ありがとうございます」

彼女を送り出してから、思わず、おじさんとおばさんは笑い出してしまった。

お互いにダブルベッドが必要ない年齢なのではあるが、妙な見栄があったから寝室を見られなくてほっとしたのである。そうこうするうちに夕暮れがやってきた。上海は寒い。それに十二月である。

「寒い」

「エアコンがあるだろう。日立と書いてある」

日本製品これは安全である。

「寒い、効いてない」

寒い風が流れるだけで暖かくならない。外の十二月の上海風は冷たい。

「暖かくならない時は、フィルターを掃除すればいいのよ」

おばさん種族は経験がものをいう。とはいえ日本の我が家ではなかなかフィルター掃除などしたことはない。おばさんはもともとものぐさなのだ。

「えっと」

ない、フィルターをとる場所がわからない、いや、ないらしい。

「これ、絶対、日立製品ではないわよ、ちょっと見てみて」

おばさんは愛国心からそう確信しながら、おじさんに助けを求めた。このおじさんは昔から神頼み、人頼みのである。返事は決まっている。

「ここは、天文台の公な場所だから、事務に頼まないと」

早速、人頼みで常駐の工事の係りが来た。

「あ、」

さすがおばさんが磨いた床に土足で上がることをちょっと躊躇した工事のおじさんにおばさんにっこりと「どうぞ、カムイン」中国語ではなかったが通じて、土足の足跡をつけておじさんは修理にかかった。後でわかったことなのだが、中国ではお掃除という習慣があまりないらしい。部屋の中は足跡だらけになり、不完全の修理のまま、

「回復」

と言って帰ってしまった。寒いより少しだけましになったけれど完全には直らなかった。

「絶対、フィルターなのだけどなあ」

偽日立を見ながら、おばさんは内心で、今度日本に帰ったら電気屋さんに行ってフィル

ターの掃除の方法を教えてもらおうと、もう計画を立てていた。

エアコンだけではなかった。いろいろな所がとても安易に出来ていることがわかった。

ポストドクのHさんから頂いた炊飯器「日本製だから」

いえ、それも偽日本製で二回目から完全に誤作動している。

「そう言えば、飛行機の中で炊飯器らしい荷物持っていた乗客がいた」

おじさんは日本と同じ食事が食べられると思っていたけれど、まずはご飯から無理になったので、先行きは暗黒世界だと感じている。

「こんど絶対日本で炊飯器を買ってくる」

おばさんも防御計画を立てた。


いよいよおばさんの仕事始め、お惣菜の買い物に出かけることにした。中国は朝の食事が外で間に合うと聞いたので、日本での習慣通りに朝のウォーキング兼ねて買い出しに出かけた。有りました。小さな間口に大きな五階建ての蒸篭が置かれ、湯気が立ち上っている。少し縦長で十センチ位の懐かしい田舎の豆入りのし餅にそっくりな形で白と黒の二種類が蒸篭の中でおいしそうに湯気を立てている。その横には同じ蒸篭の中で長野のおやきがふわっとしている。

「えーと」覚えたての中国語を頭の中で反復し、

「我要《ウォーヨウ》」

無言で返事は帰ってこない。ちょっと間をおいてから、

「……」

意味不明の音が帰ってきた。もうストップ、後はおばさんの鋭い勘で会話をする。多分どの種類かを聞いたに違いない。美容と中国食彩事情の危険性から肉類は避けて「菜」のついたものを指差し、指で二とゼスチャーをする。

「謝謝」

勘の会話が成立
「多少銭《トウショウチェーン》（いくら）」

聞かなくても書いてあるからわかっていたが、使ってみたかった。

「……」

答えは皆目わからないが、わかったふりで三元を出した。

「謝謝」

店員のおばさんの声が妙に親しく思えた。なんだかおばさん同士はどこもかわらない。顔だって同じ、服装だって似ている。仕事だって主婦業、なれた気分で進む。楽しい朝の初仕事となった。

その上、野菜を入れた蒸篭でふかしたおやきのようなお饅頭はことのほかおいしい。肉

入りと野菜入りと混ぜ入りの中で、野菜入りは郷里のおやきに似ていて懐かしさとあたたかさで心までほっとした。これは中国の朝飯として食べるらしく、時間限定販売であると後で気が付いた。

公園デビュー

宿舎の近くに公園があり、早朝はシニアの集合場所になっているとか。おばさんとしてはもちろん参加しようと思っていたので、寒い中、重いオーバーを着て目の前の光啓公園に向かった。公園の名前は徐光啓という中国の天文学者でもあり、科学者でもある、有名な歴史上の人物の名前から取っている。公園内には記念館もある。徐光啓については、記念館の中にいろいろと説明してある。が、中国語なので、説明はおばさんには無理なので省く。

実技に、踊りに、体操に、ウォーキングに、そうそう太極拳は本場である。公園スポーツクラブにデビューである。それはおばさんの体系修正にピッタシあっているように思う。

「わぁー。いる、いる」

まさにおばさんの同窓会、年齢からもピッタリ当てはまっている。そんなに大きくない会場にはあちこちに懐かしい顔がいる。小学校時代に隣の席だった、いたずらばっかりしていたてっちゃんなどは二人もいる。新興宗教まがいの手足ふりふりの妙な体操団体もいるけれど、みんな思い思いで和やかな景色である。

「うまい」

服装から決まっている。緑の中国服を着たおじいさんは滑らかな動作で太極拳を踊っている。踊っているというのが当てはまるほど優美な動きだ。ゆっくりかと思うと、さぁーと引き、高く蹴り上げる足の裁きなどは見事である。

「やはり、隣の奥さんよりうまいわ」

日本でのウォーキング仲間で時々は太極拳の手ほどきをしてくれる、シニア世代の美人の友人よりはるかに上手である。

「よし、ここで修業を積んでうまくなろう」

美人の点では劣るおばさんは、彼女に自慢している未来の姿に満足して、朝の散歩をにこやかに終わりにした。

昼間はお惣菜の買い出し、主婦同士の情報交換時間である。おばさんという生き物は周囲の状況によって、ころころと変わることが出来るという柔軟性のある人種でもある。ここで上海良いとこ一度はおいでの心境ががらりと変わったのである。

上海は良い所と言ったその生活に問題がおきた。まず、キッチンの食材に大きな欠陥があることがわかったのである。おじさんにいっぱい仕事をしてもらい、稼いでいただこうとお肉を買った。おいしそうで柔らかく味も良さそうだし、料理の不得意なおばさんでも今日はうまく出来るだろうと安心した時である。

「肉はね、我が家では子供には食べさせないの。ホルモン剤など飼料に使い子供の成長によくないから」

「えっ」

それはやく教えてほしかった。

「野菜もね、農薬をたくさん使うから、新鮮なもので、一度湯がいて、水につけてから食べたほうがいいのよ」

そんな、料理のレパートリーの少ないおばさんはどうしたらいいの。

「まあ、魚は大丈夫かなあ」

そんな、おばさんは魚料理が大の苦手、その上、魚には骨がいっぱいある。それに海だって、近海は汚染されていそうである。

上海人はどうしているのだろう。道を行き交う若者や美しい女性たちは、はつらつとしている。おばさんの目には何が真実なのかわからないまま、まずは今晩のおかずはとレパートリーの少ないいくつかを頭の中で考えたのであるが、肉に野菜がダメとなると全く思いつかなくなっていた。

「まてよ、この年で汚染されても発病するまでには、老衰で死んでいる」

遺伝性の高血圧のおばさんにとっては老衰より、農薬よりもっと早い死がある。

「まあ、血圧を考えて野菜にしよう」

野菜市場の新鮮な色とりどりを見てきたので、農薬が体を回り、体に悪影響を及ぼす前に、この色よい野菜はおばさんの頭の血管をよくするに違いない。

その上農薬が体に蓄積する前にこの楽しい、上海見聞録を仕上げようと楽天的に決めた。

えっおじさんはどうなるかって、老夫婦は女性が長生きしたほうが、世の中は円満なのである。

上海で今

住宅　畑　マンションの上
低空飛行で虹橋空港へ
早上《ソウジョウ》　好《ハオ》（おはよう）
踊る集団　トランプする集団

太極拳に　手足振り体操
公園の中

好《ハオ》
交差点を渡る
右からの曲がる車は止まらない
右に曲がる車も止まらない
直立して私は止まる
車は素早く前後をすり抜ける

対不起《ツイブッチ》（すみません）
戦いの知らない私たち
どこかで隙間風が流れているけれど
笑顔でしばらく足を止めてみよう
上海で

急な帰国　　二〇一〇年十二月十八日

食べることに関して慣れた頃、日本に用事が出来てまだ上海生活が三週間余りというのに日本へ里帰り。

「仮釈放の気分だね」

「まだ、正式に長期ビザの許可が中国政府から下りてないから、判決の沙汰待ちというところだなあ」

友人たちにいろいろと餞別までもらったのに、こんなに早く帰国すると彼らから詐欺罪で訴えられそうな気がしている。

「やっぱり、だめだった？　あんたは温泉ない所は向いてないから」

と口の悪い悪友に言われそうである。ちょっと、顔を下に向けて通らないといけないような友人宅があちこちにある。

そうは言っても、わが夫婦にとってはとても大切な用事である。M・M先生が八月に突然この世界からいなくなってしまった。天文学では有名な方で日本いや世界の天文学者はこの先生の名前を知っている。しかも、先生の話になると一応にみんなにこやかな顔になる。

「ああ、あのM・M」

という顔になるのである。「あの」の言葉の中身は先生をご存知の方は十分理解している中身なのである。学問上も素晴らしいけれど逸話も豊富でみんな忘れられない思い出を持っているはずである。わが夫婦も忘れられない思い出がいっぱいある、中でも夫婦喧嘩を仲裁して、先生においしいお料理を作ってもらった嬉しいような恥ずかしいような思い出があるため、先生には一生頭が上がらない夫婦である。

だから「M・M先生を偲ぶ会」には是非とも出席し、思い出をしっかり心に留めたかったのである。何があっても。

先生の三人のお子さんたちは子供の頃の姿しか記憶になかったが、もうみなさん中年になっていた。先生のお子さんたちもやはりわが子と同じように父親と、学者との大きな違いに少し戸惑っているように見え、学者の家庭の宿命がちょっと悲しく、納得した。どこの家庭でも同じかと、おばさん流に考えた。

上のお子さんがとても我が長男の面影に似て、その上、会社も同じだけに不思議な縁を感じ、お母さんが我々と同じ長野県出身であるだけに、地域の民族性なのだろうか、顔の作りまで似ている。いつも、疎遠になっている我が長男を見るようでつくづくと見とれる。それにしても、似ている。

先生の思い出はいろいろあり、話すことはちょっと切なく、いろいろ書きたいのだけれど、先生の顔が浮かぶとおばさんらしくなく、そっと涙と言葉を飲み込むしかなかった。奥さんがしっかりしているので、また、楽しく彼女とゆっくり話したいと懐かしい三鷹の天文台を後にした。束の間の保釈は明日までである。

「あらまだいるの」

ウォーキング仲間がおばさんのまれにみるスカート姿の正装に目を丸くした、いつもTシャツにジーパンのよれよれ姿しか見てないから、おばさんの美しい中年の魅力に少し戸惑っている。

「すぐまたとんぼ返りよ」

「おとといもそう聞いたけど」

「明日、上海よ」

言い訳も何回かすると、こちらも居直った気分になる。やっとみんな納得した頃には、里帰りも終わり近くなった。今度は食料の買い出しも何が必要かよくわかっているだけに、荷物はどんどんと増え、ＡＢＣ宅配で羽田までスーツケースを送ると日本への未練は消えた。

「お正月は上海か」

「子供たちには悪いわ。お節料理も作ってやれなくて」

「そんなことはない。ここ数年はお節料理なんて買っていたぞ」

そうではあるが多少は作ったものもある。主婦の面目にかけて。汁粉に茶碗蒸しにえーと酢の物に、そうそう、うどんの手作り、これは大きい。でも、確かにそれはお節料理ではない。上海から帰ったら中国料理のオンパレードにして名誉挽回するつもりである。

「ところで中国は正月休み何日あるの」

「ない、まだ政府から何も伝達ない」

中国は不思議な事に長期の休みは決まっていない。

「三十一日と一日と二日ぐらいは休めるのではないかなあ」

「一日は土曜日、二日は日曜日よ、三十一日の一日だけ？　特別に休めるのは」

祝日の休みについては、それからも、いろいろと問題があった。誰に聞いても祝日ぎりぎりにならないとわからないのである。日本が恋しく休みは日本に帰ろうと思っているおばさんにとっては大問題である。もともと安くチケットを手に入れるにはだいぶ前に買わないといけないからである。休みがわからないことには三十日前、九十日前の安いチケットを買えない。ケチな夫婦は、色々な人を捕まえては休みの事を聞きまくったが、やっぱりわからなかった。中国政府の、いや、共産党員の友人が欲しい。

「まあ、帰ったばかりになるから、今度はゆっくり中国の正月を楽しみましょう」
そう覚悟を決めて、改めて日本の我が家を別れの思いで見渡す。部屋は広々、きれいに見える。夫婦とも、日本の大好きなこの若葉台住宅の家を友人のように思っているだけに、雨戸を全部閉め、カギをかけると妙に心が暗くなり、家自体が寒く震えているように見えた。昨夜見た月は、上海で見る赤い月とは違ってすがすがしく、ピーンと冴えていた。

寒き庭　枝にかかりし望月は
脳裏に残る友の面影

中国での元旦　　二〇一一年一月一日

お正月は初詣とお寺を探した。上海のこの季節は大変寒い。「ずくなし（信州弁の怠けものの意味）」の老夫婦は一番近そうな寺を探した。それでも「ずくだして（これも信州弁まめにという意味）」出かけることにした。場所は龍華古寺《ロンファングースー》、大きな体育館から歩いて三十分ぐらいの所にある。二四二年建築の禅寺なので、日本人にしてもなじみやすい寺である。入口の前に八角で七階建ての小ぶりの塔があり階段が見えるが、塔自体が少し斜めになっている。今は安全のために登ることは出来ない。

寺の入口の形から龍を想像出来るので、この名前になったとか、静かで広い敷地の中は、塀に囲まれた、こぢんまりとした庭がいくつかつながっている。また僧侶たちの住まいもあり、中庭を囲むそれらの塀は、黄色の壁でしっくりと建物にあっていた。

宗教心のうすいおばさんは何やら煙のというより、食事の香りを乗せた湯気の流れが気になっていた。

「もしかしたら食堂、いや甘酒かも」

日本のお寺を想像して、幼い頃に飲んだお寺での甘酒をいや、それはおばさんの勘違いで、日本では甘茶だった。香りと湯気にひかれるままに右の細長い建物に入った。あった、食堂である。しかも、お寺の主催の精進うどんらしい。

「食べよう」

うどんが大好きな二人、首を回してどこで券を買うのか探した。小さな窓口でお坊さんが売っている。いっぱい十元から十五元。

「安い」

いや、考えてみると日本のうどんの価格に換算し安いと思ったけれど、後で考えると、中国の値段としては高いのかもしれない。まあ、お寺である、ご寄進の意味もあるのかもしれない。日本より仏様の生まれた場所に近いからご利益はあるかもしれない。

「おいしい」

「毎日食べたい」

寒さが消え、懐かしいうどんの味に、体だけでなく心まであたたかくなった。その味は讃岐うどんと、長野の母が作った味をミックスしたような懐かしさがあり、上海は良い所絶対一度はおいでの気分になっていた。

この寺は奥の方に、ちょっと高価なレストランがある。入口にゆき、ちらっと中を見たが、年金生活の心根が残っていたため入ることが出来ず、帰ってきた。考えてみると、今は勤め人であるから、舌の観光もすべきだった。

龍華古寺から緑の森の道が続き、冬でも花が植えられて手入れされ、大きな近代的な公園につながっている。お腹がいっぱいになったので、道なりにゆくと、公園の片側に、ピラミッドの形をしたガラス製らしい大きなオブジェがあり、日本のどこか、丘の上の公園のようで、中国らしくない公園の風景に変わった。不思議な事に人影がない。後で知ったことであるけれど、この公園は龍華烈士記念公園で革命に殉じた烈士の記念公園だとか、記念館の中には革命の記録などの展示があるという。お国柄、いろいろと政治の変化がある中国、今は民族革命には人気がないのかもしれない。ましてや、その後にきた文化革命もある。これからも変化する革命は中国の民に潜んでいるのかもしれない。

正面入口が大きな鏡ガラスになっていたので、太極拳をするにはちょうどよく、おばさんは早速太極剣をひと舞いした。おじさんも難しいという太極拳の十八式を長々とゆっくり踊っている。鏡ガラスの映りがいいので、お勧めの場所である。もっとも、勇気を出して実行するには、許可を取ってからの方が良いかもしれない。

龍華古寺

龍華古寺とその前に建つ龍華塔は、上海でも指折りの名勝だ。三国時代に呉の孫権が、夫に先立たれた母の悲しみを慰めるために建立したのが始まりと言われる。そのため龍華寺と龍華塔は、それぞれ「報恩寺」「報恩塔」とも呼ばれる。

箸使いうどんも同じくすすりたる
　祖先の流れはここに融けいて

正月は静安寺《チンアンシー》で　一月三日

「未だに悔しい寺が静安寺」である。

日本にいると高尾山が近いので、正月は高尾山に足を運んでいた。とくにおばさんは子供たちの大学への合格祈願は、高尾山の薬王院と決めて頼んでいたのだ。後で悪友に
「薬王院は縁切り寺よ」

と笑われたが、もうその時は子供たち全員が受験を終わっていたので、

「なるほど、みんな無事に合格したのは、受験との縁切りを聞いてもらったのだ」

と神の恵みに感謝していた。


上海での一月三日。この一年の無事をお願いしたくなると、やはり足がムズムズしてきた。

「近くなら、静安寺ね」

「それはどこにあるか知っているのか？　案内出来るのだな」

他人頼みのいつものおじさんの押し付ける口癖である。

おばさんは知っている。二回ほどこの静安寺の駅を降りた。ボケ防止に始めたピアノ練習。もともと子供の頃はピアノを習っていたのであるが、新し物好きでエレクトーンにか

わり、音感が良かったので、エレクトーンを少し商売にしていたおばさんでもある。老後にはリズムの早い、手足全部を使うエレクトーンよりは、手だけのピアノにしようと、また気持ちの変化でピアノを始めた。もっとも、エレクトーンは、子供たちのほうがリズムが良く教えられないと悟ったからでもある。あきらめは良いので、ピアノは楽しみに変わった。上海でも続けたかったのでインターネットで調べ、ヤマハ音楽教室がこの静安寺のすぐ近くのデパートの中にあるとあったので、確かめに来た。残念なことに今はなかった。もしかしたら、探し方が悪かったのかもしれないと、二回も来て探したのだけれど、やはり見つけられなかった。

いつも使っている地下鉄一号線の駅からふたつ目から七号線に乗り換えると、次の駅が静安寺であり、そこは久光デパートに直につながり、地下には日本食品が日本並にあり、新潟のコシヒカリのおにぎりまで売っている。

「まず寺だ」

宗教心ではなく、寺院の雰囲気が好きなおじさんは、ひそかに地図を見ていたらしく、さっさとおばさんの誘導なしに歩き始めた。しかし、わからないのである。上海という所はドーンと背の高い建物が立つと後ろに小さな町が隠れてしまう。

「うーん」

迷子になった。


「静安寺」

ホテルのドアマンに紙を見せている。

「静安寺在哪儿？」

おばさんは迷子になった時のために覚えた単語を使った。

「在、右」

大きなビルとビルの間に隠れていた。

「なんだ、やはりあっていた」

すぐ近く、というより角を曲がると、すぐ隣の建物と建物の間でキンキラと静安寺は窮屈そうに輝いていた。歴史は古く、小さいけれど時代の重さが軒の細かさや奥行に中国を感じて、ポケットにあわてて入れてきた小さなスケッチブックを広げた。

おばさんは名のない絵描きでもある。この小さなスケッチブックは京都、奈良に出掛けた時に法隆寺の五重塔、薬師寺の弥勒菩薩や東大寺の大きな釣鐘を若者たちと見た時のスケッチ、もちろん大仏までも小さな紙面に写し取った。だからとても大切なスケッチブックである。

静安寺の境内は広くないので、スケッチには全体が収まりそうに感じた。

境内の真ん中に小さな塔があり、その塔の一番上の空間にお金を投げ入れると良い年になるとか。みんな夢中で投げ入れている。おばさんも小さなスケッチブックをポケットに入れて投げる用意をした、が、少しスケッチブックが邪魔になった。

「持っていてあげようか」

日本語なのでおじさんかと思った。

「そう、あなた持っていて」

塔のどこに投げ入れようかと、後ろも見ずに塔だけを見ながら、スケッチブックを渡した。三、四回でうまく入った。

「良かった、入ったわ。スケッチブック有難う」

いない。おじさんは遠くで一人仏像を見ている。

「ええ、スケッチブックは？」

「知らない。ずっとここにいた」

大切なスケッチブックは消えてしまった。


「I lost my book」

中国語は話せないので英語で係りに頼んだが、だめだった。きっと、ゴミ箱であろうとゴミ箱まで見たけれど、中国ではなくしたものは決して見つけられないことを知った。冬の風は上海でも厳しい。寒ーい。

それからは何回も静安寺の近くに行くことがあったけれど、切ない思いで堂々とした屋根を眺めるおばさん。

「決してこの寺の名前は忘れないわ、静安寺、スケッチブック」

お寺は良い寺であったけれど…。あの小さな命より何番目かに大事なスケッチブックは、中国のどこかに消えてしまった。

静安寺

静安寺観音菩薩像。静安寺は中華人民共和国の上海市静安区南京西路一六八六番に位置する仏教寺院。現在の姿から想像することは困難であるが、その歴史は三世紀の三国時代に由来し、江南地域の悠久の歴史に影響を与えた名刹の一つである。

新年は誠に静かで普通の日々だった。

「そうよ。当たり前よ。中国の新年は旧正月よ」

となりの上海婦人が教えてくれた。

そうでした。旧正月は一週間ぐらいあるらしい。これも確かではない。党政府の決める事だから・・・・。

「旧正月は一週間ある。帰るぞ、日本に」

「えぇ、帰ったばかりよ」

おじさんは日本に恋人がいる気分であるらしい。日本の美しく明るい空はここにはない。おばさんも日本の自然全体が恋人なのである。

「絶対帰る、ボスに何と言ったらいいかなあ」

おじさんは、しばらくはその理由づけのアイディアを見つけようと、老後のエネルギーを絞っていた。

本屋さんで

上海の新しいおうちの近くには、食堂やスーパー、衣類に雑貨と生活する上で関係するお店はいっぱいある。しかし、見つからない店が本屋さんだった。

おばさんの副業のような絵画関係の店もないのである。

「どうしてかしら」

内心わかっている。日常生活に必要ないからである。

「八百屋のおねえさんね、二十五歳だけど、もう子供は小学生よ、文字は読めないけど、あそこの龍眼は新鮮でおいしい。若夫婦は一生懸命働くから繁盛しているのよ」

確かにおいしい龍眼は病み付きになった。実はピンポン球を少し小さくし、茶色でブドウの房のように成り、薄い皮をむくと白い果肉は甘く、食べ始めると癖になる。

「おいしいわね、龍眼」

「何種類もあるのよ」

と、情報は井戸端会議になる。

「本屋さんと、油絵の道具を買えるお店知らない？」

「絵を描くのすごーい。お店はない」

中国女性ははっきりとしている。

「わからないわ」

とは言わない
「ない」

の一言である。主婦時間の情報をつなぎ合わせると本屋、絵画は全くここでは必要ないから、彼女にはないと同じなのだった。関係ないから知らない。ニュースだって世界情勢のニュースはテレビでは流さない。テレビは中国共産党のもので、勇ましい音楽とともに党会議の模様が飽きることなく何回も同じ画面で流される。

ここで付け加えておく。中国共産党は、決して歴史上で言う共産主義とは違う。独裁党である。

「不便ではないの」

「全然問題はないわ」

確かだった。普段の生活に必要な事は人づての情報が速い。この事は後からいろんな事件が瞬く間に伝わる事を知って、びっくりした。塩が高くなるという話を聞き、スーパーに行ったら、もうすでになかった事があった。

「本屋さんはないのかしら」

主婦情報はあきらめて、おじさんの勤め関係に聞くことにした。

「あるってさ、人民広場のそばにとてつもなく大きな本屋さん。書城と言ったかなあ、すごく大きいそうだ」

おじさんの職場は天文台、学者さんが集まる職場である。もちろん日常生活から離れているから、知的情報はある。

「行こう」

休みを待って出かけた。

人民広場も興味はあったが、まずビック本屋へ。途中ある！　ある！　画材の店が並んでいた。

「ちょっとだけ中を見たい」

本よりどちらかというと、おばさんには画材が必要だった。つたない絵を中国の年賀状に書きたかったから。

「ない」

油絵の絵の具が見つからない。筆の種類は多いのにコンパクトなばら売りの油絵の具がないのである。大きなチューブは塗装工事のペンキ塗り用のチューブみたいで、色数も少ない。

「日本からの調達しかない」

ガラスケースの中には、今回小さいけどちょっとしたスケッチに、と思って持ってきた水に溶ける鉛筆型クレパスに、えっと思うほどの高い値段がついている。

「ドイツ製だから？　でも高い」

妙なところでおばさんはお金持ちになった気分がした。そして、一時帰国の理由を見つけた。日本での買い出しである。

「本屋だ」

本が命のおじさんにせかされてビック本屋に入った。

「すごい、迷子になる」

おじさんとおばさんは趣味が違うから、同じ方向には進まない。

「ここで、一時間半後に」

一番わかりやすい入口を待合場所にして左右にわかれた。

「南画に墨絵に油絵に、そうそう楽譜」

おばさんの趣味はお金にならない芸術に片寄っている。

キーボード持参であるから、楽譜を先にと音術という標識を頼りに七階の隅にむかった。

「えっ、この広い本屋にたったこれだけ?」

ピアノピースもない、ショパンのワルツ集もない、ベートーベンだってない。やっと見つけたモーツァルトにバッハは漢字の当て字で、聞いたこともない響きの名前になっている。

「これ、もしかしたら、ベートーベン」

知らない作曲家が一緒になり、ベートーベンの曲が中国の編曲者名付きになっている。

「何かの間違いよね。神様、ベートーベンの曲を編曲するなんて許せない」

ベートーベンを神様と思っているおばさんは、完全に頭にきてしまった。ピアノ曲の本が数十冊並んでいるだけのビック本屋の棚の前で、呆然とおばさんは時間を忘れた。

「そんな、かわいそう。中国の音楽を演奏する人が」

不思議な事に日本のバイオリンの天才教育方式の、鈴木式と名前がついた本が幾種類か並んでいた。

「いいわ、これから上海の町の中で楽器屋さんを探し、ショパンの覚えたばかりのワルツをピアノで弾く」

妙な決心をし、それから間もなく実行に移した。おばさん力はすごい。


大きな本屋さんのある街並みは上海の文化の中心で、京劇の劇場や食堂いろいろある。中でもおじさんとおばさんが必ず寄る店が、大きな十字路の脇にある。古本屋さんと安売り屋さんを一緒にしたような本屋さん。なにしろ本を量り売りする。

昔ながらの上皿に丸い時計のような文字盤のついた秤で、十元いや、三元といった値段で売る。なんだか得した気分なのであるが、やはり要らないものまで買ってしまう。

気に入ったものもある。トランプ、これは京劇の美しい女性の絵だったり、花の絵だったり、日本の北斎の絵までカードである。おばさんは中国の貴族の家やその当時の女性のイラスト本など手にしたら、もうお金を払っていた。

中国の歴史をもっとよく勉強していたら、唐詩や昔の有名な詩人たちの本を買っていただろう。なかなか面白く、入ったら出るのが惜しい場所である。楽譜類はやはり見つけられなかったけれど。

中国の旧正月　一月二十七日

「春節」とは旧暦のお正月、中国の祝祭日で一年の一番賑やかな祭日。普通の勤め人は二、三週間休暇を取ることが出来る。学生たちはもっと長い休みをとり、それぞれ故郷に帰る。地方から来ている彼らはバスや普通列車のチケットを買って帰る。売り場には長い列が出来るそうである。天文台の学生たちも寝台のあるバスに乗って帰る人がいるようだ。日本でも同じく、我が息子もお正月休みには京都から東京に鈍行でしかも、青春18切符なるものを使って帰ってきていた。若さはそんな旅でも未来への力になるらしい。


「きれい」

「新年とある、年賀状ね」

中国にも年賀状があった。クリスマスカードのように封筒に入れる。それもとっても派手で金銀砂子の飾りつけが付き、日本へのお土産に最適だった。

また、街角には、日本の伊豆半島にある吊るし雛のようなものを地方から持って来て、出店の形で街角で売っている。

「多少銭」

「二十元」

「五十元」

「高いよ、安くして」

「それはだめ」

ここでは負けない。後からわかったのであるが、免税店のはずの空港で買うよりずっと安く、確かにそれ以上安くは出来ないものである。地方色豊かで美しいものだった。

三週間の旧正月休みは、飛ぶようにしてまたまた、老夫婦は日本に帰った。お土産は本類と決めているおじさんとちがって、おばさんはもっぱら食べるものにした。

「これは空港で通るかしら」

いけないことかもしれないけれど、ブドウの房のような龍眼を枝ごとしっかりビニール袋に入れた。ついでにドラゴンフルーツも。多分、生もので問題ありかもしれないけれど……。

「絶対　喜ぶわ」

食べるものには目のない悪友の喜ぶ姿を想像した。

後はやはり、植物の検閲を考えて、トランプにした。意外とトランプは中国の観光地では売っていない。例の古本屋の隅で、十元でいろんな種類を買った。京劇や、昔の中国の宮廷の衣装をまとった美しい女性の絵は、あげるのが惜しくなるお買い得でもあった。帰国の経路は一番早く帰れる虹橋空港から羽田空港にした。おじさんは、休みがわかるとすぐに「旅悟空」という上海の旅行会社に安い旅券を電話で頼んだ。申し込みは日本語オッケー、チケットはバイク便ならぬ、電源付の自転車で天文台まで持って来てくれる。こうした自転車は街中をたくさん走っている。素晴らしい技術であるが、汚れを取るという事は全く考えていないので、どこから見ても古自転車にしか見えない。横に並んでサーと走る姿はすばらしく、音なしでスーと横を走り去る時はドキッとする。

「日本へのチケットを、旅悟空の人が持って来てくれたの？」

「そうだけど、それが、チケット持ってくる人は日本語だめだったから、研究室に来て、無言の手渡しだった」

「だいじょうぶだったの？」

旅券は無事届いたけれど、乗り遅れたり、不慮の事故についての細かい事はわからないままになった。けれど安い、嬉しい値段に、これからは何回も帰国しようと考えている夫婦でもある。


「日本は明るい」

羽田空港の飛行機から建物に入る渡り廊下が、まるで宮殿への入口にも思える二人は、日本の明るさに恋人に会えたような若いときめきを感じている。こんなに日本が素晴らしいとは、空気がおいしいとは、スーと滑らかに胸に入ってゆく、酸素が頭の先からつま先まで沁み透る。我が家近くの町田までの高速バスに乗る。そしていつもの町から路線バスに乗る。おばさんの家は山を切り開き住宅地にした所なので、山に登る感じで、眺めは良い。その山は高尾山から丹沢まで続いている。毎朝、その山道の一部をウォーキングするのがおばさんの日本での日課であった。

「もう少し歳とったら、名札を付けるわ。迷子になって見つからないと困るから」

「だいじょうぶ、あなたの散歩道はよく知っているから、すぐ見つけるわ」

ウォーキング仲間は、気持ちも行動も知っている。

そうだった、中国で徘徊したら、絶対誰も見つけてくれない。後一年は、気を付けよう。

「ただいま」

警備保障のＡＬＳＫに守られた我が家の戸をあけ、ＡＬＳＫの暗証番号をセットしてある機械に打ち込んだ。

「おかえりなさい」

機械の日本語までありがたい。掃除はいつも適当なのに日本の室内はきれいで心地良かった。

カーテンを開けると、ガラス戸越しの庭は真っ白に雪が積もり、足跡のない芝生は白一色に輝いている。

「きれーい」

自宅の庭の雪を飽きずに、ただ、ただ、ただ眺め続けた。

「静かだ」

「人がいない」

日本はたまらなくいいいと思う夫婦は、言わなくても、めずらしく以心伝心、気持ちが一致していた。

「水、水」

水道の栓をひねって、コップ一杯の水を飲んだ。体中が洗い流されてゆく。飲める水道水は日本の宝物である。

「さて、お風呂に行こう」

近くの日帰り湯に行く用意をし、日本の裸文化のありがたさを体全体に味わった。

「フー、これこそ天国かも」

「うん」

空気の色

柔らかい日本の大地を踏む
まっすぐとそこから延びる落葉樹の木
細いけれど見渡す限り
のびのびと空をつく
紅葉の彩を残して
林は澄んだ空気の中にある
その色は愛しい色
ひと時の帰国
心は上海を離れ
まっすぐに日本を見る

再び上海へ

旧正月の残った一日は中国に帰り、豫園に行き、帰りに花火を見る予定となった。心の中で中国に帰るという、自分自身の心の動きに少し戸惑いながら、やはり、上海は身近かになっていた。

地下鉄の豫園駅から歩き始めたが、あまりの混みようで自然に静かな方へと進み過ぎて、花火に出合うことなく、疲れ切って花火の音だけを聞き、バスに乗りほっとした時、なんと、マンションとマンションの間で花火がさく裂していた。火花は遠慮なくマンションの窓に散る。

「きれい」

「危ない」

その後、花火が建物の間でさく裂するのを時々見ることになった。聞いたところによると、引っ越しする時や、越してきた時等に花火を揚げるとか。また、これから大きな工事(マンションなどの取り壊し等)をする時等は、とても派手に花火を揚げる。というか破裂させるようである。この大きな行事には、その後、何度か遭遇した。

寒い中ピアノ探し

やはり、暇な時は中国のピアノ探しがしたくなり、寒い中、一番盗難にあわないであろうと思う服装と、リュックを背負い、歩ける所から始めた。

考えてみたら、日本で買ったおばさんの衣類は安物であるから、裏を返すとみんな「made in China」である。歩く姿は町の人と全く同じ上海人で、本人はそう思っていたのであるが、どういう訳か日本人とばればれだったらしい。

「安いよ」

と必ずお店に入ると声をかけられた。不思議な事だった。

「まずはピアノ、ピアノは安くない」

楽器屋さんから教会からホテルまで、そこは度胸で、ピアノを見つけたら必ずタッチしてよいかと

「May I touch the piano ?」

英語と、身振り手振りで交渉した。七台のピアノを上海市内の店や練習室などで見つけ、おばさんのつたないショパンを上海の横丁に響かせた。得意な詩と一緒に成果を披露する。

中国のピアノの世界は帰国しても懐かしく、一つ一つのピアノの色や音色、そして、どこのピアノのどの鍵盤が押すと戻らないかまで覚えている。また、ピアノの横で知り合った中学生らしい男の子やまだ幼い男の子の小さな手を思い出す。大変うまく弾く女の子もいたりして、ピアノが好きな子供たちはどこでも一生懸命で、そして、その眼はピアノだけを見ていた。英才教育も一人っ子の副産物で、親も惜しみなく子供のピアノの教育に財を尽くしているように見えた。ちょっと羨ましい。

昔、姪の武蔵野音大合格に立ち会い、入学金の凄さに驚き、わが娘のピアノ教育を途中で放棄した後悔がある。娘の手は大きく、ピアノを弾くには最適だったのに。

ピアノの世界

最初に中国のピアノを見つけたのは、やはり本屋さんの中だった。博庫書城（名前については確かではない。なぜなら壁面に書かれた名前と表に書かれた名前が一致しないし、中国ではどんどん経営が変化し、名前が変わるから）という住まいからひとバス乗った所にある。近くには大きな病院もあるので、にぎやかで通りは広くて横切るのが命がけである。なにしろ、中国では道を横切る時は、優性順位がある、一番目は乗用車（タクシーも含む）二番目はバス、三番目は自転車（電動、人力）、最後が人間で、もたもたしているとひかれる恐れがある。この大通りを横切る時は、もたもたのおばさんは子供連れの人の横に行く、やはり、一人っ子政策で子供は守られているから。

さて、この本屋さんの隅に楽器店があり、ピアノ教室も防音装置のない小さな部屋が三つほどで営業していた。もちろん部屋のレンタルもオッケーで回数券は安いからと言われて買った。ところが、ある日突然楽器店が消えた。ただ、ピアノ一台が売り場の真ん中に残っていて、おばさんが行くと、店員さんが近寄って来て、

「他、オッケー（あなたはいいよ）」

弾いていいと言う。楽器店のオーナーがそう指示していったと言う。しかし、書店のまん真ん中で一階から三階まで下手なショパンが響くことになる。残念ながらピアノは眺めるだけとなった。

二台目はやはり住まい近くの教会の中。ここは三回ぐらい無料で弾かせてもらったけれど、四回目には断られた。ショパンの速いワルツ、確かに教会向きではなかった。

三台目、なんと上海天文台の娯楽室にまずまずのピアノがあった。しかも、卓球の玉避

けとして。かわいそうなピアノ、それからは仕事時間をさけて、土曜日、日曜日の練習となった。ただ、おばさんはうまくないので遠慮しながら娯楽室に通った。

結局、七台以上のピアノを弾いた。中国のピアノはいつの間にか友達にもなっていた。

ピアノのある場所

一台目
最初に見つけたのは上海に慣れた頃　大きな通りの本屋さん
少し荒れたロビーの隅に　ガラスに囲まれたピアノ室がある
音は書店内に遠慮なく響きわたるその曲の割れた音が悲しい

二台目
シーンとしたそこ　ピアノは最適な場所にあった　教会の中
ステンドグラスと客席と広いサロンはいつも静かで私を待つ
しかし　何度目かには睨まれ　ショパンの演奏は拒絶された

三台目

身近にピアノはあった　宿舎の前　天文台の娯楽室　埃の中に
ピンポン台の玉よけのように置かれ　無残な姿で待っていた
埃が朝日に浮く　夕方暗く譜面が見えない頃　わたしの時間

四台目
次に見つけた場所は上海の高級マンションの大きな敷地内
地下室の音楽教室　金属音の強い　中国製のピアノ胸おどる
高級マンションの　時々キーが戻らないピアノ一時間四十元

五台目
素晴らしいピアノを発見した　上海一のグランドシアターで
その建物全体がピカピカ　光るガラス張りは党の自慢の建物
地下の台座　曲はもちろん　ショパン・ワルツは響き流れる

六台目
上海に慣れ、今を楽しみだした頃　友とピアノがそこにあった
日本人向けの地域街　親しみ易いマンションの管理棟の教室

中国語教室と快適なピアノ室は　私の楽しいひととき十五元
七台目
間もなく上海を離れる秋に　最後に素晴らしいピアノの場所
日本製のピアノはグランドピアノ　店長は椅子を持って来て
いつでもどうぞと迎えてくれた　間もなく帰国する頃に

帰国するその日
ピアノのある場所に行くであろう
いつもの曲を　七台のピアノにお別れするために
上海の空に　いつものショパンを流すために

大地が揺れて冬眠からさめ、上海で日本の惨事を知る　三月十一日

中国のあまりの寒さにおばさんは冬眠していた。その日が来た。三月十一日、中国にも激震が走った。最初は日本で地震のニュースで済むかと思ったものがとてつもない津波の

画面をテレビで見る事になったのである。

「日本で大きな地震があったらしいの」

隣の奥さんが心配そうにドアをノックした。

「ええ、夫に何か天文台にニュースが入ったか聞いてみるわ」

「日本ですごい地震らしいからインターネット見て」

宿舎ではインターネットの接続が出来ない、その上に中国のニュースは言葉が理解出来ない。頭の中で、もう大人になっている子供たちが心配になっていた。

仕事部屋のおじさんは、

「大丈夫、調べたけどもう後片付けが始まっているとインターネットではあるよ」

やはりあてにならない。それは前の地震の事である。

おばさんは携帯でニュースを検索した。

「地震あり、あ、つながらなくなった。すごい事になっているのかも」

隣のC奥さんと震え上がり、もう一度、上海天文台のおじさんへ。

「大丈夫だってば」

「そんな事ないでしょ。携帯のニュースでは大変みたいよ」

おばさんの緊迫感をおじさんは半分バカにしながら「またか」と言わんばかりに、いつもの事として、次の仕事に取り掛かり無視した。おじさんは人の言う事は聞かない主義で、ましてや若くない中年女性の奥さんの意見は完全に無視する事にしていた。

この大変な地震のニュースがインターネットに反映されたのは、ずっと時間がたってからだった。おじさんはその前日に起きた地震の古いインターネットのニュースを見て、「また、早とちりだ。主婦はだめだ」と言わんばかりの気持ちだったのである。

「すごい地震よ、東北仙台付近よ」

携帯を片手におばさんは仙台から来た、隣のC奥さんと情報交換していた。

「どこ？　震度は？　家のマンションが若林地区なの」

とC奥さんは叫んだ。

「えっ、ここね。震度7だって大きいわ。ここにいて良かったね」

携帯に示された震度はまだ訂正される前だった。

「違う、夫は今、東北大学なの。学会で」

事が重大になってきた。おばさんは宿舎から仕事部屋にもう一度電話をした。

「大丈夫だって、大学は頑丈に出来ている」

おじさんもサイドのだめ押しをすぐ破棄した。

「日本がたいへんだ」

おじさんが騒ぎ出した頃には、おばさんは子供たちへ安否確認のメールを打っていた。返信のないまま夜を迎えることにもなった。

間もなく、周囲のいろんな仲間からの情報が飛び交い始め、中国でも東日本大震災が大きく報道され、津波の目を覆いたくなる惨事の画面も流れた。

隣のC奥さんのご主人の安全が確認された頃には、世界中が驚く日本の惨事が明らかになり、その上、東海原発の事故へと事はすすんだ。

原発の事故の報道と津波の報道は世界中を駆け巡り、テレビに新聞にと濁流の勢いが震えるように目に入ってきた。中国でも、テレビに繰り返し画像が流れ始め、おじさんの職場でも日本人同士情報交換し、数少ない情報にいらだった。

わからないだけに肉親や友人への思いに心責められ、惨事の日本の事を思い、時間はとまった。

子供たちの
「大丈夫」のメールは夜中になった。
「同僚の家に泊めてもらっている」

「お兄ちゃんたちも大丈夫みたい」

「災害連絡にお兄ちゃんたちも大丈夫と連絡掲示板があったよ」

しっかりしている子供たちだから、きっと何があっても切り抜けるだろうと思いつつ、

「困ったら、若葉台の家に行くと食べるものは何か見つかるからね」

あまり、災害用の準備はしてなかったけれど、お米とか水はあるはずである。


「科学者はどうしているのだろう」

いつも行動の遅い日本の研究者、というより、目の前の敵としているおじさんの職業の呼び名、「研究者」、「科学者」をもう一度力を込めていうことで、おばさんは未来が少しでも良い方向に開かせるつもりの、心もとない気持ちだった。

しかし、事はさらに悪化し、東海原発の一号機の水素爆発、二号機三号機の水蒸気の煙、目をつむりたくなる危険が日本に迫っている。


「そうだ、わが子には物理と化学専攻の息子たちがいた。彼らの意見を聞こう」

おじさんは確か大学院まで行き、専門が物理ではなかっただろうか。完全に自分の事は棚に上げている。身勝手な、日本の「科学者」である。

模範生で誠実な末の息子は時を移さず、原発事故の事、その経過を彼なりに理解し、危険とそれでもこうなるであろう、との説明のメールをおじさんに返信してきた。

「うん、そうか確かに深刻だ」

おじさんはその答えをおばさんに伝えなかった。どこかにまだ女性をいたわり心配させまいとする紳士の心はあったらしい。

しばらくたってからひと癖もふた癖も持った、気難しい上の息子から「ホームページを見よ」との返信がきた。

「おい、あの子のホームページはどうしたら見られるのだ。意見はそこに書いたと言ってきている」

おばさんは内緒で早くに見ていた。

ホームページには、

「父親から資料がない、教えてくれ。また、資料がないなら作れとある。言葉を間違えている。資料がないなら自分で作るではないだろうか」と父親を批判しながらも、「確かに資料が必要だから作ってみた」と、図入りで原発事故の説明と今後についての書き込みがあり、彼らしい正確さで少し冷静に終わっていた。

おばさんは彼の性格を考え、色々と深読みしながら、また、現状を予測して、少し安心と、最悪も心配した。そして上海で日本の無事を祈り、それしか力のない自分自身を恥じた。

後は日本の惨事を書くのもすまない気持ちでいっぱいになっている。

「科学者のみなさん日本を助けて、祈り、祈っています」

だけしか書く事が出来ない。ただ祖国を思う。

遠くにいた私たちは、日本での恐ろしい揺れをまだ知らなかった。だから心配ではあるが、まだまだ実感出来なかった。非常に強い災難は人間を恐怖に陥れ、思考を止める。おばさんは日本の友人たちが冷静だからそんなにひどくないと勘違いをしていた。日本はあまりの恐怖に、国民全体が思考を止めていた。

日本人も日本列島自体も大きく揺れ動き、その後の悲惨な出来事を成すすべもなく、受け止めるしか方法がなかった事を知らなかった。原子力発電の爆発事故や津波は上海のテレビでも悲惨な日本の姿として何回も放映された。人災として日本人のすべてに恐怖と危機を振り撒き、未来に償わなければいけない大惨事となった。電力会社への無力な声と、東北地方の粘り強さと悲しさは中国全土にも伝わり、何回もニュースであの恐ろしい津波の映像を伝える中でも、人間としていたわりが込められて上海でも放送された。

ひと時の帰国

3月
足元の空気が目を射る
光速は一年間の空白を駆け
白い閃光となり
フィルムを巻き戻す

その時　故国は
地球の黒点になり
暗く沈み　地震で歪み
津波に　原子の破壊
大地が黒になる　町も
人々が黒になる　空も
黒い炎となりすべてが崩れた

あわてて両手を広げ

フィルムを元に戻し
今を拾いあげる
故国の苦難は時の結晶
その時のプリズムは
地震も　津波も
原子の破壊をも
すべてを吸収し　今
苦難の七色の光となる

羽田空港

タラップに体を移し
今を抱きしめながら
長い廊下を歩く

武漢大学へ　　三月十九日

「いよいよ武漢へ行く事が出来る」

と言いながらもおじさんは浮かない顔。

「えっ、陳（チャン）さんは行かないの」

「二週間後に彼は武漢に行くことになったので、今回はやめにするそうだ」

陳さんは夫と同室で、まだドクター取立ての武漢大学を卒業した若い科学者。武漢大学での講演は、その陳さんの紹介で実現した。武漢行きの道案内になってくれるはずの人なのだけれど、陳さんが行かないとなると、武漢行きはとても心もとない。

「大丈夫、うん、大丈夫だ、黄（ホワン）さんがゆくから」

黄さんもやはりポストドクで、台湾のほうに期限付きで勤めていたけれど、中国と台湾は時折スムースに行かなくなる時があり、ビザが取りにくい。もっとも、我々も長期ビザを取るのに何か月もかかった。どこが悪いかというと、日本と中国での書類の違いや、重要科目の認識の違いがあり、日本ではこの位で通じる、中国ではだめ、そんな書類なんて日本にはない、中国は必要と、そんな取引が何回にもなり、また、お互いの官僚の融通のなさで、時間がかかるのである。黄さんの場合は、政治的にも中国と台湾は難しい関係のため、長期滞在ビザがきれると、次のビザを取るのは難しいらしく、中国に帰国し、ビザが取れるまでこの上海アカデミー上海天文台にいる。

「台湾では日本人がボスだった。はやくまた行きたい」

「それにTさんにも会いたいのでしょ」

いつもはざっくばらんで男性的な黄さんは、日本人のTさんの話になると、どこか静かになりそしてほほを染める。

「Tさんは我が家に泊まった事もあるのよ」

「ほんと？」

どこか幼い雰囲気を残していたTさんは、おばさんのお気に入りの研究者だった。もちろん彼もポストドクで、世界中あちらの国、こちらの国と放浪しながら日本の中で研究職をと願ったに違いないけれど、この春から日本の北のほうの高専の先生になったとうわさで聞いている。惜しい研究者である。

黄さんだけでなく、おばさんだってわが娘に機会があったら絶対進めるのにと思っていたが、機会がなかったのであきらめた男性である。

「彼は何歳か教えてくれないの」

「童顔だから、若く見えたけど」

Tさんの話になると、黄さんはまたうれしそうに続けている。

出発当日は火車（駅）までガイドなしと夫婦は覚悟したのだけれど、

「陳さんが悪いからと上海駅まで送ってくれるって」

孫のような陳さんにご足労をかけたおかげで、心配なく上海駅に着いた。

上海駅には黄さんがいるということなので、見渡した。

「ああ、あれだ」

折りたたみでない紳士用の黒い大きな傘が二本、遠くでポールのように立っている。

「お父さんかしら」

背の高い黄さんとは反対に父上は背が低く小柄で、心配そうに我々を見ている。あきらかに大切な娘が、見ず知らずの日本人と武漢まで泊りがけで行くという事に不安を感じているように見える。

ここはおばさんの出番である。

「平林です。ニイハオ」

心配ないですよ、そんな思いでお父さんと固い握手をすると、にこやかな顔になり、大きな紙袋を娘に渡すと恥ずかしげに去っていった。

「What' s this」

「it' s food my breakfast」

大きな包みである。我々はみかんとパンが少々、少なかったかもしれない。

五時間の新幹線は黄さんから中国の研究者事情や、日本の文学、中国の唐詩などなど。さすがにドクターをとって台湾で活躍していた若い女性科学者は中国文学にも深い知識を持っていた。

「日本にも漢詩、ああ、もちろん中国から来たものですが、李白、白楽天、高校時代を思い出します」

おばさんは思い出したくなかった。漢詩は大嫌いだったから怠けていて、先生に皮肉られたことをいまだに覚えているから。

「日本の詩歌は和歌、今では短歌とも言いますが」

「短歌？」

上海短歌会なるものに入会手続きを取ったおばさん。元気になり、平安時代はラブレターでもある和歌の話から、俳句やいろいろの意味を込めたなぞ遊びの短歌を披露した。

「**か**ら衣　**き**つつなれにし　**つ**ましあれば　**は**るばるきつる　**た**びをぞおもう」

「難しい」

「では、簡単な俳句、短歌より短い詩で俳句は五七五の詩よ。ちょうど、大地震で被害があった所なの、景色がきれいで短歌や俳句などの場面になった所があるの。松島という美しい海岸を有名な俳人が作った句なの。松島や　ああ松島や　松島や」

「それ簡単わかる」

黄さんにわかったか否かは不明であるが、おばさんは話しながらちょっと悲しくもなっていた。松島は今どうなっているだろうか。観光客がボランティアになり、松島を清掃していると、インターネットに書き込まれていた。おばさんも何かの役に立ちたい、日本にいたらいてもたってもいられず東北まで出かけてしまったかも。心は行きたい気持ちでいっぱいになってしまった。

五時間分には食べ物がたくさん必要だった。黄さんはインスタントカップめんを持ってきて、ちょこちょこと次の車両のほうに行って、お湯を入れてきた。

中国では新幹線内でお湯提供のサービスをしている。これは便利である。列車の中は駅弁、幕の内、峠の釜めしという日本の定番はなく、みんなが自分自分でいろいろな食べ物を広げている。そして、よく食べる。

「われわれもラーメン持ってくればよかったね、日本からのがあったのに」

あちこちでカップラーメンがかおり高く匂ってきて、新幹線の中は大衆食堂化してきた。

「武漢からはタクシーで行くことになっている。着いたと連絡しておくね」

武漢駅は大きいけれど、埃っぽいし寒い。

タクシーは黄さんがいるので危険なく確保。老夫婦ではこうはいかない。きっと、大学まで行くのにタクシーを捕まえるだけでも、一日はかかる。

「時間かかるよ。向こうに着いたと連絡します」

黄さんが電話している時に、

「大きな川だ、長江に違いない」

おじさんは叫んだ。日本では揚子江と言えばわかる川である。確かに大きな川（長江）を渡っている。大きな橋もあるので、

「この川が長江《チョウチャング》？」

タクシーの運転手さんは澄まして、

「no　名のない川だ」

大きな川だと日本人は思ったけれど、ここでは無名の川らしい。そして間もなく、もっと大きな川があり、何隻もの船が運航する長江が目の前を横切った。よどんだ水色が広がっていた。

「これこそ、長江ね」

「すごいなあ」

水の汚れは気になったけれど、ゆったりとそして、荒々しい。
武漢S大学の学内ホテルに落ち着き、早速、桜の多いという公園に向かった。
やっと暗記してきた李白の詩、「黄鶴楼」の現場でもある。

黄鶴楼

故人西辞黄鶴楼
烟花三月下揚州
孤帆遠影碧空尽
唯見長江天際流

東公園という名前の桜の名所はまだ桜の季節には早く、彼岸桜が三部咲きで残念な風景であるが、そこここに咲く諸葛采が紫色で木々の下を絨毯のように埋めていた。

諸葛采は、ムラサキハナダイコンと日本では言われ、アブラナ科で丈は五〇センチぐらい花は紫色である。その昔、中国の三国時代に蜀漢の賢人で諸葛孔明という武将が、戦いの時食べるものがなかった折、この植物を食べさせて飢えをしのいだ、ということから諸葛采と呼ばれた。

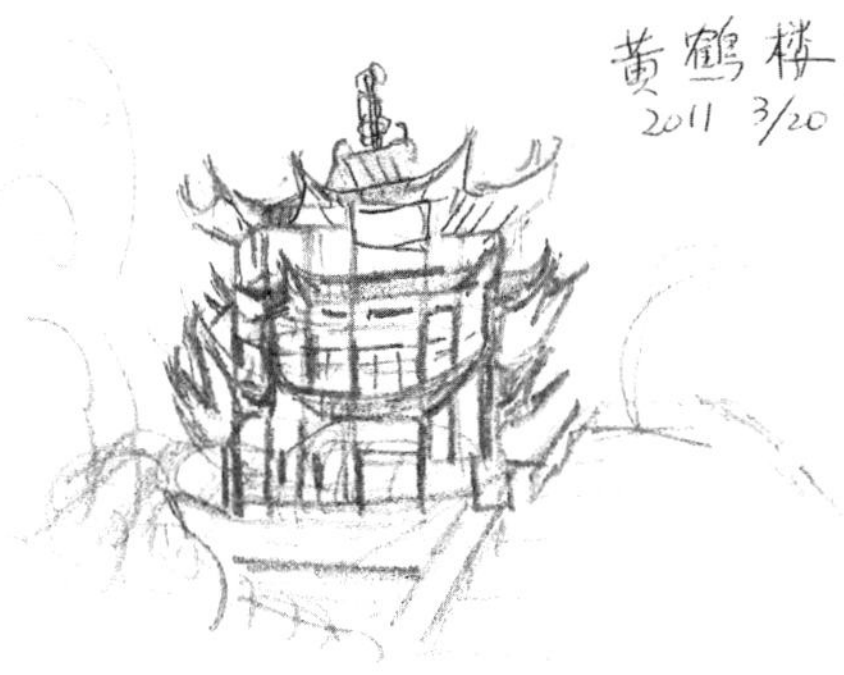

黄鶴楼は公園の奥、山の頂上にあった。

「よく見える。長江が」

「李白の気持ちがわかる」

日本にも似たような詩があった。島崎藤村の「惜別の歌」である。

さて、この公園にもソメイヨシノの桜の木がある。しかも、立札付きで。

「日本の田中角栄氏より送られたもの」

立札にはその意が書いてあった、近くの詳しい説明には角栄氏はこの地を訪れて、周恩来の宋夫人にあっていると書いてある。そう言えば角栄氏は中国との交流を広げた人でもある。中国では、

「井戸を掘った人の事は忘れない」

と言われ、角栄氏は大切な客人として扱われ、娘の真知子さんも特別に大切にされたと聞く。

また、角栄氏自身も、

「中国は巨大な市場だ、手ぬぐい一人一本売っても八億本売れる」

と、今の中国の発展を予測したほどである。

いろいろな事件で引退し、政治的には賄賂などあった人ではあったが、今の日本にはこ

のような強い人も必要なのかもしれない。
お花見には少し早くても、寒桜は見ごろで女性がポーズをとると、嬉しげに連れの男性が写真を撮っている。中国人は写真を撮ることが好きである。カメラ販売もきっと中国は大きな市場であろう。おばさんは息子がカメラ会社に勤めているだけに、妙に角栄氏の八億が気になり、八億の中国人が日本製のカメラを掲げている映像が頭の中で輝いていた。

黄鶴楼のある高台の途中は、昔、日本人が住んだ部落があるらしく、大きな鳥居がある。中国で鳥居を見たのは初めてで、しかもその隣には「おみやげ」と日本語で書かれたのぼりがたっている。若い案内の学生と黄さんはすたすたと小高い山を駆け上る。おばさんも登山は山国育ちのため負けないつもりが、歳で負け、なおも後ろにはもっと負けたおじさんがついてくる。寒くはあるが、上海の空気の悪いビル街よりは、樹木の生い茂るこの高台は、どこか日本に似ている。黄鶴楼はきっと記憶に残ると、スケッチを描き始めたが塔のつくりが中国らしく、装飾が多く苦労する。なにしろ何角かわからない作りで、装飾の好きな中国の建物は、あらゆるところにひねりを入れ、余計な繋ぎがついている。長江を見渡せる美しいこの場所、こんなに寒くなかったら、ゆっくりとキャンバスたてて、油絵の具を塗りたい気持ちでもある。

おじさんたちの講義を本来だったら妻としては聞くべきなのかもしれないが、大体見当がつくので、学内を見学することにした。大学の中なのに野菜・衣類やわけのわからない安物のゲームなどを売る不思議な庶民的市場があり、怪しげなおじさんがやさしく声をかけてきた。果物を買うと、これもこれもと負けてくれた。

次は本屋を探した。雨よけのビニールをたらした軒、横殴りの雨はそのビニールを吹き開けた。そこが本屋であった。

「さすが、英語の童話がある。高い」

食べ物とは違って、しかも、外国語となると妙に高い値段がついていた。

「迎来」

買うのか買わないのかと言わんばかりのそっけない店員。

「もちろん買いません」

店員はそっぽ向いたままであった。これは中国での、またのご来場をお待ちしますの普通の挨拶である。日本の店員さんの、

「ありがとうございます」

「いらっしゃいませ」

を是非、聞かせたいと、上海でもずっと思い続けていたが。ここは、大学という公共の場だけに店員さんも冷たく高姿勢である。

「武漢はやはり寒い」

横殴りの雨がひどいのでホテルに帰ることにした。

ホテルと言っても大学の中で、大学の経営、いや、ここは何でも国営かもしれない。ホテルの係りもなんだか固く、公務員か兵隊のような雰囲気がする。

武漢では食生活は苦労しない。日本のアメヤ横町を大きくし、小さな屋台をずらっと並べた食道楽街がある。それも、規模が大きい。人間洪水をかき分け、かき分け、両側に続く屋台を交互に見る。どれもおいしそうに見える。

「どれにしようか」

「もうすこし行ってみよう」

食べたいものが後ろに消える。決断の遅いおじさんに合わせると食べられなくなる。この辺で手を打たないと、とおばさんは、

「これ」

おじさんも決心した。

「これ」

夫婦して、皮のついたままのジャガイモのまるあげのようなものを頼んだ。

武漢通の黄さんと案内の研究者は、釜飯のような入れ物に何かを入れ、大きなかめの中で蒸す、わけのわからないものを頼んでいた。

「one more」

とても汚い食堂で、釜飯のような入れ物の中のスープと果物と何やらわからない固形物を意を決して食べた。甘くなじめない味だ。

「ああ、もっとおいしそうなものがいっぱいあったのに」

食べ物のうらみは後を引く。

武漢は上海より少し田舎で、山もあり、庶民的であり、そして最も良かったのは、ホテルの部屋のテレビであった。上海の宿舎のテレビは三局しか映らず、ほとんどが戦争もので、悪者の日本兵が悪事を重ね最後にはやられるという、日本人としてはとても続けて見ていられないドラマが一日中流れていた。それもこの国の不平分子を、他の方向へと出口を作る、党政策テレビばかりであった。

武漢は違う。どこか党の政策が届いていない。英語版からいろいろな局を制限なく見ることが出来、日本の惨事のその後を、詳しく英語版で流していた、涙が自然に流れ出て、夫婦ともそっとわからないように涙を隠した。一晩中でもテレビを見ていたかった。遠く日本を離れていると、日本への気持ちは高まる一方であったから。

角栄のソメイヨシノの記念碑は
　国を愛した証《あかし》もありて

震災を知ってか武漢の寒桜
　涙のごとく花の散りけり

武漢の桜

東湖桜花園と武漢大学の桜の一部は、日中友好条約を締結した一九七八年に当時の首相であった田中角栄が周恩来夫人に送った桜の木が最初らしい。

雲南省麗江《リーチャン》　四月十七日出発

雲南省の麗江での学会の話は、前からあったことであるけれど、日本の大地震で気持ちの上では参加しようか否かがだいぶ変わってきている。まだ一カ月と少し、災害のひどさからいっても、落ち込んだ気持ちは　ついさっきの出来事のようで回復していない。

「こんな時に」
「山々がきれいだぞ」
「雲南省って地震があった所でしょ」
「うん、まさにその地震があった所が会場だ」

雲南省麗江市は中国の北西部の高原地帯にあり、確かシャングリラ（チベット語で美しい所）と言われ、そこには中国少数民族のナシ族が住んでいて、彼らは漢族とチベット族の文化を取り入れ、また、象形文字のトンパ文字が今でも残っている。独特な文化を持った民族で、勤勉でかつ穏やかな民族と聞く。

町は美しく、高い山それも日本の富士山より高く四六八〇ｍの玉龍雪山がある、上海と違って水がきれいで麗江市自体も二四〇〇ｍの所にあり、上海より南にあるのだけれど、高地のため気候もよく、スプリングシティとも言われている。

興味は尽きないのだけれど、おばさんは日本人。日本の大変な時、また、地震の多い事などからして、なんだか恐い気持ちが先に立っている。

「日本の方はこられないでしょう」

「うん、どうなるかなあ」

なかなか決心がつかない。この時を逃すとおそらく二度と機会はない。が、テレビで日本の難事を見ているだけに迷うのである。

おじさんは行かなければならない立場らしい。亭主関白であるけれど、内弁慶でもあるおじさんは、自分が行くなら当然、おばさんも行かなければならない、という外国的？夫婦随行主義なのだ。

「南京大学の先生も夫婦で来るらしい」

「でも、金魚のうんちみたいにくっついて行っていいのかなあ」

うん、この言葉まさに正確だと一人気に入っている。

「係りが日本から来ているH氏だから聞いてみる」

しばらくするといろんな情報がはっきりとしてきた。

なんと、日本の地震以前に申し込んでいた日本の学者たち全員が、取り消さずに来るという。なんだか納得行かない気持ちにもなる。

「彼らだって、科学者、日本の中で日本のためにする事ってあるのでは」

いや、こういう時だからこそ、自分自身を見失わないようにしているのかも、と、思い直してみるが、やはり、少し違和感はあった。

「水沢の人も」

「うん」

「多田さん夫婦も。彼らは今九州にいるけど」

あの夫婦はいつも一緒のおしどり夫婦で、わが夫婦のように金魚のうんち的随行ではない。

「女性たちとの交流も大切だぞ」

なんやかんやと理由らしき理由のないまま、麗江の観光ガイドを見ているうちにどうしても玉龍雪山を見たくなり、スケッチブックに枚数を増やす絶好のチャンス、とくっついて行くことになった。


上海には二つの国際空港がある。

一つは浦東空港もう一つが虹橋空港で、後者のほうが我々の住まいにぐっと近い。タクシーだと四十元以内で行く。四十元というと六百円位である。それでも中国のタクシーの安さに慣れた我々は、

「今回は三七元で行けた」

とか、

「あの運転手だめ、回り道したからストップさせて芸術街の手前から歩いた」

とせいぜい三~四元の所を争ってみた。ほんとは日本と比べたら桁違いに安いのである。

麗江へは、夫の中国でのボスと、日本人の今回の会議の連絡責任者のH氏と我々夫婦四人で連れ立ってゆく事になった。もちろん近い虹橋空港からである。

虹橋空港は大きく二つに分かれている。国際線と国内線であるが、国際線の中の一部に国内線もある。日本に帰る時はこの空港の国際線を使うことが多い。ここから羽田に直通便があり、成田よりはるかに便利で、その上に羽田は日本の自宅に近い。ただし、少し運賃は高めではある。

「ねえ、そろそろ時間よ」

時間が来ても改札する気配はまるでない。

「さっき、遅れるようなことを放送していた」

言葉がわからないから、事情は不明である。

テレビモニターでは、我々の乗る飛行機の前後はもうすでに手続きを終え、出発している。モニターには搭乗手続き中の英語が出ている。国内線であるけれど、英語は必ず流れる。上海の地下鉄も英語の放送は必ず流れる。英語の力はなぜか偉大である。英語は、もともとイギリスであるから、イギリスの力だろうか。いや、やはりここアメリカ英語の力であろう。

暇に任せて、お土産売り場に出かけた。ここは街中で買うより、なにもかも高い。普通空港内は免税で安いはずであるが、中国は別である。空港内がなぜ高いのかは、色々と考えてみるけれどわからない。それより、街中が安いと言ったほうが正確な気がしている。

「これはおいしそう」

固い青梅が二、三個ずつ袋に入り、二十袋ぐらいで大きな一袋に詰まったものを、二袋も買い求めた。日本のカリカリ梅に似ている感じで、私はこれが好きだから一袋は麗江での夜の楽しみにして、一袋は早速開け、仲間の人にも飛行機内のおやつとして小さい袋を配った。

まずH氏に。彼は中国に三年もいるポストドクでいろいろと雑用を引き受けていて、我々の生活も、彼のアドバイスでスムースに行けるようになった。太ってはいるが童顔でかわいい顔をしている。彼のお母さんは、小さい頃から彼が可愛くって仕方なかったであろうに、と、おばさんは遠い日本の母親仲間に同情した。仲間であろう人々に配り、ほっとして口に入れると、日本のカリカリ梅より甘く、好きな味であった。

「まだなの?」

出発時間は三十分も過ぎている。

「ああ」

中国では時間を気にしない事にしているけれど、言葉が通じないだけに用心しないと危険である。取り残される危険が大いにあるからである。

用心深く、他の人々の動静に気を配っていなければならない。

「そろそろかなあ」

動きがあった。出発時間が来たらしい。あわただしく並び始めた。並ぶと言っても、固まり始めたというのが正しい。中国では並んでもその通りに順番は来ないからである。割り込みは当然の行為で悪い事ではない。

背の低いおばさんは、買い物などではよく手で弾き飛ばされる事がある。まあ、ここ空港は紳士、淑女が多い。スムースに順番は来た。


飛行機の中でそれでも予備知識として、トンパ文字について本を広げてみた。

トンパ文字は象形文字で、トンパとは知恵者の事で、トンパ文字で書かれたトンパ文は歌、舞、経文、物語、歴史、絵画、医学などを集めてあり、そのトンパは世襲されている。職業としてではない。最初は石や木の上に書かれていたけれど、紙が発明され、経文などに広く使われるようになる。読むというより歌う感じであるという。紙はトンパ紙と言われ、特別な植物〝葵花〟からいろいろな工程で作られ、毒を持っている植物なので虫の害がなく、長い間保存が出来た。文字は絵文字であるから、見ていて楽しげでなんとなく意味もわかるとともに生活の様子も想像出来る文字である。

村は山からの豊かな水の流れに沿って、家々は建てられ、万物に神がいると信じ、そして感情もあると考えていた。

伝承はすべてが歌によって、踊りによって表現されている。

楽しげなトンパ文字を見ながら、古代の日本の縄文時代を想像しているうちに、飛行機の心地よい音が、遠くの太鼓の音のように感じて、眠ってしまった。後は現地での見聞で情報を収集したい。

麗江の空港は荒れた丘にただ滑走路があるだけの感じで、バスに乗ってホテルまで行くのであるが、その道は工事中でほこりと石ころがゴロゴロとしたガタガタ道でその上に曲がりくねっている。行けども、行けども、工事中の道は続き、町らしいものも、国際会議が開けそうなホテルらしい建物も見えない。時々、はるか山のふもとに小さな部落が見えるが、とてもホテルとは言えない建物ばかりだった。

まさか、中国風のトイレがあり、インドで見たあやしい土間で作るレストランの食事、寝る時は電気がなくて、そんなホテルの姿が頭の中を横切っている。もちろん、言葉には出さないが不安になってきた。

峠を越えて間もなく明るくなってきた。盆地のような平原のような平野が続き、道が急に良くなり、広々とした近代的な街並みに入った時には、信じられない、こんな奥に来たと思ったのに近代的町が、中国はなんて広いのだろう、と、改めて広大な国土を感じた。

麗江、日本語読みではレイコウ、中国読みはリーチャン正確にはlijaingと発音し、そこにピィンという高低のリズムが付く。中国の都市の呼び方は、我々日本人は日本語で読んでしまうけれど、大戦前の読み方だったりして、日本人としては注意したいと、中国読みにするように努力している。

麗江市の家々の屋根は墨色で、上から見るとカラスが羽を広げて止まっているように見える。家自体は独特な作りで、飛騨高山の家々に似て、少し正方形に個別にまとめたような形で、それが長くつながり、上から見るとまるで屋根の細長い黒のカードを並べたように見える。オールドシティーでは、きれいな用水路が道脇を流れ、化粧柳の若緑がそのふちを飾り、二階の窓、入口などは日本の建築の狐格子があり、それぞれの家の奥には中庭がある。中庭はそれぞれに個性的な花々や樹木で整備され、木造りのテーブルに椅子、ハンモックなどつるされている中庭もある。そして、入口や塀の上、道脇までもバラの花が咲き乱れ、つるが柳の木に巻きつき、花は今が盛りとピンクに白にイエローと香りと色のハーモニーを奏でて、大木の木のように屋根の高さにまでのび、幹も太く時にはバラ棚を作り、ほんとに美しい町である。もちろん観光客もいっぱいだ。

ホテルはホテルというよりは洋風旅館と言ったほうがしっくりくる。ビルではなく、和風の二階建ての建物が、リゾート風にいくつものブロックに分かれて、それぞれ塀に囲まれて、庭付きの独立した家々のような作りになっている。部屋はそんなに広くはないけれど、エキゾチックでネパールをおもわせる色合いの飾りつけのカーテン、ベッドカバーが雰囲気を盛り上げている。

「ない、バスタブが」

中国の宿舎がシャワーしかなく、寒さに震える日々が続いていただけに、日本人の我ら老夫婦はバスタブでゆっくり浴槽につかることを夢に見ながら、ホテルに入ったのだ。夢は夢でしかなかった。

「ほんと、ない」

おばさんも消えた夢を確認した。

おじさんたちは会議の用意など忙しく会場に向かい、おばさんは多田夫人とさっそく街中にくりだした。美しい黒屋根の町は世界遺産にもなっている。

「広い、入り組んでいる」

「迷子になる」

家々の入り組みが複雑なうえに、みんな同じような色つくり、そして横に流れる川までが、通りを変えても同じ流れなのだ。細い道を右に左にまた右に、曲がって見渡すともうすでにホテルの方向がわからなくなる。

「湧水があり、日本の野沢温泉のように三つに分かれ、最初は飲み水、次が野菜などを洗い、最後が洗濯に使われているって、ガイドブックに書いてあったわよ。大きな水車もあるって」

多田夫人は勉強家でいろいろと調べてきていた。

「そう。ところで、あそこの屋台おいしそうね」

食べ物にかけては負けないおばさんは屋台の前で止まった。

「夫から外で売っているものは食べないようにと言われているの」

多田夫人そう言いながらも、やはり気になるらしく屋台の行列を一つ一つ眺めている。

おばさんはもうすでに決めている。

「あの紫色の饅頭にするわ、多田さんは」

食べると決めた既成事実の聞き方に、多田夫人の夫婦仲は崩れた。

「黙っていればわからないわね」

彼女は、少し高価な竹の中にご飯を詰めたものをえらんだ。

夫婦の約束事は崩れやすいものである。それに、おすそ分けしてもらった竹の中身は紫饅頭の何倍もおいしかった。秘め事はやはりおいしいものである。

夕食のレセプションなどなど色々と話題は尽きないけれど、それらは夫の仕事のうちに入るのでおばさん日記は黙殺し、疲れを取るため会議の合間にあるレクレーション日に移る事にする。

希望者をつのって待望の玉龍雪山へバス旅行が計画表にあった。

忘れられない出来事が起きたのはその玉龍雪山での事である。これはぜひ、おばさん日記に書きとめたい。

玉龍雪山は五五九〇mあり、その麓の三三五六m近くにあるロープウェイで行き、周囲を散策。こんな山の中なのに、人、人がいっぱいなのである。中国は人がなんて多いのだろう。ふと、一人っ子政策をとった中国政府の気持ちもわかるような気がしてきた。

曇っていて、玉龍雪山の頂上は見えなかったけれど、岩山とその奥にそびえる雪をかぶった峰は時々雲間から顔を出し、上高地の岳沢と、前穂の屏風岩をもっと身近で見たという感じがする。

忘れられない出来事はそんな感激の後にやってきた。ロープウェイの頂上は大きく木の道が作られ、尾瀬沼のように散策路が小山の峰に続き、また戻るようになっている。ただ、全部歩くのはきつい人のために、途中からトロリーバスでもとのロープウェイ降り口に戻れるようになっている。

「遠い、私は呼吸器が弱いから、帰りはトロリーバスにしようかなあ」

おばさんは風邪気味のうえ、老人性ぜんそく持ちなのである。

「ガイドさん、トロリーバスはいくらなのですか」

「二十元」

「安いわね、行こうか」

玉龍雪山からの風は結構寒い。歩くと寒さは感じないと思うけれど、この所、高血圧気味なので迷っている。

「どうしようか」

わが夫婦がそこで迷った事から出来事は始まった。仲間の中でドイツ人のご夫婦がいて、奥さんは、この高地での動きは絶対に無理ではと思う体系だった。つまり、とても太っていたのだ。

「ほら、日本のW夫婦が下りるらしいから、一緒に行くといいぞ。二十元だとガイドが言った」

ご主人は歩きたいらしく、そのふうふう言っている奥さんを我々に押し付けた。そして、奥さんに二十元渡すとさっさと歩いて行ってしまったのである。

今にもしゃがみこんでしまいそうな彼女を見ると、我々はどうすべきかもう決まった。

しかし、問題はトロリーバスに乗った時から始まった。


「三十元」

トロリーバスの車掌というか賃金徴収係が言った。

「ノ、ガイドは二十元と言った」

ドイツ夫人のマリアさんは車掌兼トロリーガイドに毅然と抗議した。

「いいえ」

若いガイドも負けずに胸を張った、しかし、胸の大きさは勝負にならない。体系だってとても、勝負にならない。

この押し問答が、続く。トロリーバスはどんどんと後ろに止まる。我々の乗ったバスが発車しないと後続車は動けないのである。

かよわい車掌さんは泣きそうな顔で頑張り、ドイツ夫人は巨大な体をドーンと動かない。

「後の人に迷惑かけるから降りましょう」

気の弱いおばさんは腰を浮かした。

「ノ、あなたも降りてはだめ」

かよわいなりきにもガイドさんは中国人、我を通す人種だ。絶対に妥協しないというか責任があるらしく頑張っている。中国人の強さは上海生活でつくづく感じている。日本人の妥協の早さ、意気地なさ、内弁慶では、いつも負け続けているおばさんだから。しかし、ドイツ人の頑固さはそれどころではなかった。いろいろな人が来て、

「わかってください、わかれよ」

と言わんばかりの中国語の嵐にも

「ノー」

ドイツ夫人は勝ちました。

日本人は気が小さいのだなあ、と、改めて腰を浮かせたまま、強く反省しながら、自分自身を知ったおばさんでした。

この事件はきっと、ドイツ夫人のマリアさんも疲れていて、ほんとは歩けなかったのか

もと、好意的に考えたのだけれど、続編があった。

「明日ね、ドイツのマリアさん一人でかわいそうだから、一緒に観光しましょうと誘ったの、いいわよね」

多田夫人はあの事件を知らない。気の小さいおばさんは、

「ええ、いいわよ」

覚悟が出来ないまま、翌朝、三人は出発。

「私ね、中国のトイレだめなの、だから水分とらないわ」

マリアさんはさっそく主張した。

「ここの街中の公衆トイレきれいよ」

「でも、だめ」

町は意外と大きく、今日は町はずれの大きな水車まで行く予定なのである。

やはり、事件は起きた。背の高い多田夫人は足が速い、大きな体のマリアさんは間もなく息が荒くなってきた。

「少し休みましょうか」

「だめ、普通の所は休めない。ホテルでないと、トイレもホテルでないと」

えっ、戻るにも時間がかかるし、トイレのたびにホテルには戻れない。ここは広く入り

組んだ道で結構坂道を登ったり、下ったりしなければならない。トイレのたびに戻っていたら、町はずれの水車までは、当然行く事が出来ない。それにこの坂道はおばさんだってきつい。とうとう、マリアさんは動かなくなってしまった。幸い違うホテルがそこ、ここにあるので、ロビーで一休みし、また、歩き出したがやはり無理だった。

「トイレ」

「ノ、ホテルのトイレへ」

ほんとにきれいな公衆トイレに悪いと、おばさんは二回ほど入った。

「今日は無理ね」

「ほら、屋台のそばに、イタリアンレストランがあった。あそこで何か飲みましょう」

多田夫人は良いことを言う。イタリアンレストランは、ヨーロッパの響きがある。

「イタリアンレストラン、そこがいいわ」

マリアさんが納得してくれた。イタリアンレストランと書いてはあるが、イタリアとは程遠い店のインテリアだった。ただ、マリアさんもだいぶ疲れたらしく、そこに落ち着いた。

そして、川から吹き上げるさわやかな水風に気分を快適にし、しかし、どこも観光せずにホテルに帰宅した。

その日のディナーの時、おばさんはそっとおじさんに耳打ちした。

「絶対、マリア夫婦に誘われないようにしてね」

「ああ、では席をこちらの日本人がいる所にしよう」

おじさんもトロリーバスの件で考えるところがあったらしい。

トンパ文字
トンパ文字は象形文字で中国の雲南省のナシ族の文字で一四〇〇の単字からなる表現豊かな文字である。現在、世界唯一つの生きた象形文字である。

それにしても、スプリングシティは素敵な所だ。日本のみなさんには申し訳なかったけれど、来て良かったと思っている。

雲南省麗江、この町も大地震を乗り越え、今、美しいバラが咲き乱れている。日本もきっと美しい花々の春が来る。そう願っているし、信じている。

また、中国では地震の復興として、それぞれのほかの市に復興事業をまかせ、互いに競争させて、その成果をあげているとか。

「あのあたりが上海の割り当てで、早く復興出来た」

と、上海天文台のボスが自慢げに話してくれた。

バラの花が道脇に植えられ、白やピンク、赤と少し埃っぽい風に揺れ、女性たちがその近くの畑で盛んに木を植えていた。
途中に寄った静かな村々は高い山からの水も豊富で、どこか日本の安曇野にも、または、東北の村にも似ている。畑を耕し、山からの川の流れは澄んで、青々とした水草までよく見えた。村の生活は豊かではないけれど、穏やかな時間の流れがあり、騒音の上海の町には見られない時間がある。見ていると、柔らかな緑が懐かしく、目に染みた。

いくつもの愛の意しめすトンパ文字
川ある路地の壁に書きあり

黒き屋根麗江ここも崩れあり
震災跡地に日本思いつ

麗江市
麗江市は雲南省西北部に位置し、世界遺産の市に指定されている。麗江古城は少数民族のナシ族の王都で、今でもナシ族が大勢住み、そのほか、リス族、ブミ族、プー族、イ族の少数民族が住んでいる。旧市街地は川に沿って道があり、それぞれ迷路のように入り組んだ道になっている。

「ドイツのほらマリアさんのご主人に上海へ来ないかという話がある。で、今、様子見に彼とマリアさんが天文台に来ている」

麗江から上海に戻ってすぐにおじさんが首をかしげながらおばさんに報告した。

「えっ、マリアさんが上海生活するの」

「無理だよな」

二人して大きくうなずいた。

「ホテル生活なら」

「いや、それも無理だろう」

ご夫婦は上海で二泊し、ドイツに帰国した。

帰り際、おばさんはマリアさんに思わず別れの言葉に付け加えた。

「いつかまたお会いしましょうね。でも、中国ではない所でしょうけど」

「yes of course」

マリアさんは片目をつぶった。もちろんおばさんも。そして、お互いにこやかに声をたてて笑った。

マリアさんとは友達になれそうだと、おばさんは手を差し出した。今度はどこで会うのだろうか。日本かもしれない。

上海短歌会　　四月二十三日

上海の日本人のための日本語で書かれた情報紙がある。大きさはＡ４の二倍ぐらいのサイズで「ジャピオン」と「BIZ」という二種類が日本の情報や上海の食べ物、コミュニケーション、不動産、就職案内、医療案内広告、旅行などの記事で埋められていて、日本食のレストランや日本人関係の店等に無料で置いてある。上海に来た頃はそんなものがある事も知らず、情報はもっぱらおじさんの日本人仲間に頼っていた。しかし彼らは上海に一年いても中国語は全然しゃべらず、天文台の中の世界で生きている。英語が日常語なので困ることはないらしい。

　しかし、おばさんは困る。英語もしどろもどろの上に、知りたいという好奇心だけは人一倍ある。

だから、その気持ちが満足出来ないと老人性徘徊のように、知らない上海の町をさまよってしまう。そして迷子になるのは毎度である。

上海人の奥さまから「ジャピオン」を見せられ、さっそく愛読者になり、その徘徊状態に磨きがかかった。

まず一番初めに、中国語教室探しから始まった。

生まれながらにして貧乏性のため、安い教室を探す。それらはおばさんの住む南丹路から遠く、その上、地図の読めないなんとやらで、方向音痴のおばさんは教室探しは後にし、早速飛びついたのは「ジャピオン」のコミュニケーション欄のクラシファンドというページにあった「上海短歌会・まじめに短歌を」のB女史の呼びかけだった。

「行ってみようかなあ、文化に飢えているから」

これでもおばさんは学生時代に土屋文明の高弟子のその弟子であった。いわばアララギ派の正当な流れの中で活躍？　していた歴史がある。もっとも、その土屋文明のお弟子さんの紹介の時に「故土屋文明先生の高弟子で」と言ったとたん「あのう、未だご尊命です土屋先生は」と訂正された。若い頃からドジであった。

「まじめがいい」

という訳で、さっそくB女史にメールで問い合わせ、入会の手続きを取り、自慢の短歌まで送った。

「自分も行こうかなあ」

おじさんも行くと言い出した。文学的要素は十分持っていると自他ともに認めているおじさんなので異論はない、夫婦で出かけることにした。


「夫婦だから、単身の会と間違えてはいませんね」

B女史が念を押す、その訳があった。

「単身の会？　短歌の会ですよね。日本の優雅な歴史ある和歌の世界ですよね」

「単身の会と間違えて入った人がいるの」

もっとも、単身の会と間違えて入ってきた若者は今回も恋の、しかも失恋の歌を投稿している。当然、単身は続くとみている。

地下鉄で隣の駅近くのレストランが会場で、地理のわからない老夫婦にとっては安心で行きやすい場所でもあった。建物は古いがもとスチュワーデスをしていたという、B女史が選ぶだけあって、短歌会サロンにはとてもあう店であった。

中国の食卓は大きな丸いテーブルを囲んでの円卓会議である。大きなテーブルの真ん中にはクルクル回る小さな円卓があり、料理はそこに盛られそれぞれ回ってきた時に好きなものを取って食べる。

短歌会はもちろん後に食事会はついているが、最初はまじめな合評会で中国茶のみで始まった。

この場所は、昔はヨーロッパの植民地であったので、その名残りでしゃれた雰囲気でもあり、上海の上流社会のサロンとはこうしたものであったろうと、十分に想像出来た。出席者はラーメン店の支店をもう十何件か出したオーナー、IT関係の経営者、一匹狼の焼肉屋さん、何十年も上海に住んでいる人、日本に住んではいるが上海と日本を行ったり来たりの人、おばさんと天文学者（もちろんおばさんの夫）などなど、それぞれまじめに短歌の批評にむかった、なかなかの秀作ぞろいでおばさんは何やら、知りたいという頭の中が、ちょうど、焼けた畑に雨が降ったような勢いで、豊かな水が注ぎこまれたような満足感を味わった。最後は無記名短歌にそれぞれ良いと思うものを投票し、優秀賞を選んだ。残念な事におばさんの秀作は次点になってしまったが、少しは満足している。

仲間たちは中国生活が長い。

「今度、十三店目を上海交通大学の近くに」

「すごいですね、天文台近くにも出しませんか」

「いや、あの辺は借りるのに高いのですよ」

それでも、上海交通大学はそんなに遠くはない。一度行ってみたい大学なので、行く事にした。

「ぼくはねえ、杭州で八年になります」

「でも、今度辞めたのでしょ」

「ええ、いい所ないですか、上海で」

それぞれ上海から日本に帰るという言葉はでなかった。どこかで日本という事を避けているのか、忘れようとしていたのか、まだよくわからないけれど、人生の重いものを背負っているのかもしれない。


合評の後は食事会となり、日本人にも合う中国料理が出され、それもまたとても習作であった。お腹と頭が同時に満足するという事は大変幸せな事で、上海のこみいった町も西洋風に見え、また、短歌会の歌人たちがこの異国の地で住み続け頑張っている姿は、少し甘く中国を見ていたおばさんにとっては良い勉強になり、プラタナスの大きな葉がいっそう逞しく見えた。

「ヨイショ、頑張ってみよう。二年ぐらいなら頑張れるよ」

「いや、一年だ」

おじさんは妙に日本が恋しいらしい。

そのつぼみ梅雨あけるまで我を待て
　しばらくここを留守にするから

おばさんの作である、題は「梅雨」。

一時帰国した時に、緑に囲まれた日本の我が家への恋歌として詠んだものである。

また、主催者のB女史は、姿かたちもほんとうに上海マダムであった。そして、ご実家は被災地で今も帰宅出来ない福島県浪江町であるとか。何回か日本へ帰国し、今はお母様が上海に来ているとか、彼女の今回の短歌は震災の故郷への愛情に満ちた歌で占められていた。

今もこれからも彼女は一生懸命生きていく。まさに強い上海の女性となって。おばさんは目が覚めた気持になった。上海で言葉は解らないと、のほほんと暮らしているのが、恥ずかしくなってきた。そろそろ、中国語も覚えて、上海おばさんと日本おばさんプライドをかけた楽しい戦いをして、この地で頑張りたくなっていた。上海短歌会はその地に生きる人々の力と努力、そして、おばさんに怠けるなという迫力を教えてくれた。

上海生活は結果論が大切　五月十五日

日記も怠けている。人間とくに主婦業は怠け始めると、いつでも手っ取り早く仕事を片付けられ、手抜きも自由自在。これでは上海に来た意味がない。短歌会の鞭がきいて少し行動範囲を広げて、町を、中国を観察しようと思い始めた。

地下鉄は乗りこなしているけれど、地下のため風景を見てない。人ばかり多いと文句を言っていたけれど、当たり前である。地下鉄は人を運ぶ道具、ここに人がいなかったら不思議で地下鉄の意味がなくなる。

「バスに乗ってみよう。タクシーだって安いのだから、迷ったらタクシーに乗ればいい」

地図を広げた。中国の地図はなじみやすい、漢字で書いてある。これならどうにか行けそう。シニアおばさんたちの書く文章は漢字が多い。しかし、歳とともに漢字を忘れてしまっているが。漢字の読みは今の若者よりはましである。中国語は漢字から意味が推測出来て、おばさんには便利。また、迷子の時も、書くと相手に意志を多少なりとも伝えられる。便利に傾く自分自身の性格を知っているおばさんは、慣れた地下鉄に傾かないように地下鉄の通っていない場所をと探し始めた。

ところが、上海は地下鉄が発達している。十一号まで自由自在に走っているうえに、おばさんの住んでいる所は一号線と九号線の「徐家汇（スーチャンホイ）駅」近く。また、ほんの少し足を延ばすと三号線・四号線・九号線の「宣山（イーサンロード）駅」につく。日本の住まいの不便と思わず比べて、上海は良い所かもと、この頃のマンネリ化の不平をちょっとだけ飲みこみ、「上海は都会、便利」と言ってから、地図を広げて地下鉄の不便な所を探し始めた。

「このあたりは地下鉄では行きにくい場所」

目星をつけたのが、昔の「興国賓館」今は「ラディソン・プラザ興国ホテル上海」のある周辺「チャンソーロードとハーサンロード」を選んだ。

ここで道の名前をカタカナにしたのは大きな意味が隠されている。漢字の国であるけれど、日本の読みと中国の読みには大きな違いがあり、中国語、そもそも中国語はなく、漢語（ハンユー）という漢民族の言葉をもとにしている。日本語で中国語と俗に言っているだけでそれぞれ地方によって、とても言葉はちがっているらしい、その上、上海には上海語なる話し言葉もまた別にある。物の値段を聞くと、「元」という単位であるけれど「クワイ」という発音が返ってくる。話し言葉である。

カタカナの話からそれたけれど、その「漢語」にはピィンがあり、同じ発音記号でも音の高低がいろいろ違うのである。その流れによって意味が全く違う、その上に昔の漢字を今は略し、日本の漢字と違う形になっている。

おばさん日記のパソコンからは打ち込みが出来ない。まあ、中国語の話はまた違う時に書きたいと思っている。習う前に教室選びであきらめかけているおばさんなので、中国語の話は避けたいのである。

バスに乗る話に戻す事にする。

興国賓館は、中国の歴史を物語るホテルで、国賓のや毛沢東なども滞在し、孫文の宋夫人の住まいが近くにあったとか。おばさんの歴史好きという、私的な興味本位で行く事に決定。

「さて、バスは」

中国でも日本のバス、電車共通のSUICAに似た「公共交通カード」があり、しかも、バスは二元から四元位でどこでも行ける。但し、下車するのには知らせるボタンはない。乗客は希望する停車場近くになったら入口に行く。運転手さんとの暗黙の取引となる。これは停車場の名前がわからず、場所もわからないおばさんにとっては大きな問題になった。

「そうだ、この天文台の近くのバス停は道の交差点、バス停の名前も南丹路文定路とある。交差点近くにはバス停があるに違いない」

何とも不確かなおばさんの安易な行動になったが、正解であった。交差点にホテルがある。見た事はないけれど、ここにはバス停があるに違いない。そこまでバスに乗ればいい事である。

「ハーサングロードとチャンソーロードの交差点だ。バス停の名前はきっとそのような名前があるに違いない。次にその名前のありそうなルートを探し、そのバス停で降りる」

妙な探し方であるけれど、なにもわからない場所なのだから仕方がない。重要な事はバスに乗る事である。何ともややこしい順序、その上に気が付いたけれど、バス停は左右両方にあるが、日本のおばさんの家の近くのバスルートのように単純ではなかった。どうも推測するにルートのまわりやすいように、行きと帰りが同じ番号でも通るルートが違うらしい。らしいというのははっきりと確かめてない。これは言葉が大きな壁で答えがわからない。あきらめて、まず行きを探すのに四つほどバス停を渡り歩き、あるバス停で暇そうなおじさんを見つけ、希望のバス停の名前を見せるとうなずいてくれた。三十分待ってやっとバスの中に座る。

「ふー　なんだ、簡単じゃないか」

汗がほほに流れて、化粧がくずれているけれど、うれしくてほほがゆるんでいた。

行く先の交差点名と「このバスはここを通りますか」の自作の漢語を書いたメモ用紙はしわくちゃになったが満足。改めて景色を眺め始めた。

「これは」

だんだんに閑静な街並みになってゆく。プラタナスの並木道、樹木の太さにまず驚く、これが歴史。あらためて年代の古いこの国の壮大さを思い知らされた。路はとても複雑に曲がりくねっている。普通は国家権力の強い中国では、党政府の一声で道路は改良され、名前まで変わるのに、ここはまだその声の届かない、由緒ある所なのかもしれない。


「湘南ロー・・・」

運転手さんの声と上の表示が、頭の中の繰り返し覚えてきた発音と一緒になった。

「ここかも」

心配げに運転手さんのほうを何度も見て早めに入口に立った。女性の運転手さんは結構美人で運転はとても荒かった、が、無事目的地に運んでくれる。おばさんの若い頃にはとても出来ない仕事能力に感激しておりた。

「謝謝」

大きな公園、きっとこの一角に違いない。方角音痴とは東西南北がわからなくなり、方角が地図と一致しなくなる。「地図が読めない」のではない。「地図の方角がわからない」になるのである。

「対不対、ラディソン・プラザ興国ホテル上海は」

すみませんと尋ねた。

「・・・・・・」

書いてきたメモ用紙を再び広げて、親切そうなおじさんに声をかけた。おじさんは首をかしげてからおもむろに地図を１８０度まわした。

「ジョウゴ（ここ）」

公園の向かいの道を指し、

「右面、右面」

「謝謝」

なるほど、向かいにも建物の奥に広い緑が見える。そこはさっきの公園とは違い人の気配がなく、重々しい扉は閉ざされ、塀に囲まれている。

「塀があるという事は、入る事が出来る入口もどこかに」

半回りした所に大きな入口があった。広いエントランスの道は奥の古めかしい車止めのアーチ型のついた古い建物の入口に続いている。ホテルではない。日本の昔の伯爵邸とやらの入口みたいな所に見えた。重々しい門には守衛室があり、守衛というのか公安というのか、怖そうな制服姿の人がいる。

「May I」

声を飲み込んだ。入ってよいか聞こうにも中国語は言えない。その上断られたらそれまでである。ここはずうずうしく黙々と歩み進む事にした。この手は中国で随分と使い成功しているのだから。民族が同じだから従業員にも見えるし、そのまた友達にも見える。これが異国風情の金髪に背が高かったら、この手は使えない。

「米国・・」

右の建物はアメリカの兵舎関係らしい。入口脇にもそんな建物がある。庭は広く芝生の青々としたグランドも見える。もちろん庭園も、その奥にホテルらしきものも。なんだか革命当時の毛沢東のイメージが消え、歴史がわからなくなる。誰一人歩いていない道を行く当てもないのでエントランスに向かったが、だんだん怖くなってきた。いつかうしろから「ちょっとこい」と言われそうで、ここは早めに切り上げる事にし、すまして裏口方面に方向を変え、広い通りを横切り、建物わき方面への細い道に通り抜けた。裏は中国風のレストランの看板もあり、中国とアメリカが結び合い、どうも仲良しに見えてきた。

そういえば中国語でアメリカは美国と書く事からしてもわかる。日本への待遇と大きく違っている。ちょっと偏屈な気分。もう一度背を伸ばし裏口から大通りに。気を取り直して改めて、周囲の街並みを見て再び驚いた。なんと高級感のある並木道になっていて、左右は高級邸宅が塀の奥に続いている。その塀の上にプラタナスが覆いかぶさり、今は盛りと美しい緑の葉を広げて大きな邸宅まで隠している。ここはアメリカの郊外に違いない。のびやかな足で、大股に白人の女性が乳母車を押し、ゆっくりと通り過ぎてゆく。その向こうに店が見え、それもひっそりとカフェテラスの窓だけが緑の木々の中に見える。上海の騒音はなく、人もなかなか通らない。もちろんひしめき合って軒を並べる中国の洋服店もない。もう一か所、外人アーティストが集まる現代風な町があると調べて来たけれど、もう充分だった。おばさんは西洋人ではない、ちゃんとした東洋人である。妙に中国の人が懐かしい気分になっていた。そして、ただ、ただ歩き続けた。プラタナスの幹の太さを目で測りながら…。

バスに乗るという経験はとんでもない風景に出逢い大きな成功を収めた。でもとても複雑な思いが胸の中でうずまいている。中国はアメリカに恋をしている。日本ではなくアメリカに…おばさんの結論である。

街並の説明

興国賓館はイギリス人の設計による建物がある。総面積十万五千六百平米の敷地に広々とした芝生の庭や巨木の森を供え、正に都会のオアシスと言っても過言ではない。上海では何故か余りその魅力が知られていないが、明るい吹き抜けの典雅なロビーを持つ極めて上品な新館・Radisson Plaza Hotel に加えて、魅力あるクラシックヴィラ・1号館が復活した。こうしたホテルに泊まり優雅な至福の時を過すのは、上海でもここでしか許されない。近くには毛沢東や中国の高官が住んだ所がある。

太極拳のその後は、太極剣

さて、平凡な上海生活にも少し進歩があった。公園デビューから夫婦の太極拳は大きく道が分かれ、二人の好みに変化が出てきた。

「剣を習う」

おばさんである。なにしろ剣はかっこいい。折り畳み式のものがあり、柄を持ってガチャッと一振りすると、シューと剣先が出てくる。武器にもなりそうで嬉しくなるのである。

「難しい十八拳を習う」

おじさんである。緑色の太極拳の洋服を着た先生の姿がかっこいいのである。それと、少し難しい動きなので自尊心が満たされそうにおじさんは感じたらしい。

そんなわけで、老夫婦の公園への出勤時間は時差出勤となった。その上、二人

とも凝り性である。互いに内緒で独習を始めた。負けず嫌いでもある。

「ここなら迷惑にならない」

おばさんは公園の中でも、人の通らない陰の方の道で剣をふり始めた。実はわからないと思ったのはおばさんだけで、日本人という事だけでも、注目の的であったから、おばさんが剣ふりを始めた事はすぐに、公園に来る太極拳のみんなにわかってしまい、内心教えたいと思う人たちがいる。公園内の何か所かで太極剣の練習が始まってしまった。

さすが本場である。

「かっこいい」

うっとり見とれてしまう、おばさんである。

剣舞のように軽やかに飛んで回転したり、鋭く突き刺したり、

「やっぱり、すごい、かっこいい」

ますます、剣にのめりこみ、CDも買い込んで宿舎の中でも剣が舞う日々になった。ちなみにおばさんが習得しようとしているのは「太極剣32式」である。

日本でも太極拳は有名で、スポーツクラブなどでもよく知られているが、剣の方は知られていない、おばさんは日本で自分が指導している姿が、チラチラと見える気がしている。

しかしある時、塀越しにおばさんの独習を太極拳の指導的立場の怖いおばさんに見つ

かってしまった。

「教えるから来い」

ジェスチャーで呼ばれた。

「並んで」

これもジェスチャーだ。

「違う」

剣先が手の甲をたたく。

恐いが、心から感謝しながら従う。絶対覚えると、冷や汗を流しながらも、頑張っている。なぜなら、剣はかっこいいのである。その上、みんなが注目して見るから、おばさんはますます夢中になった。

自分でも少し踊る事に酔い、剣先の魅力に取りつかれている。それからは普通の太極拳の時間の後、恐いおばさん先生の横に並び、習得が始まった。

「違う」

「もう一度」

言葉はなくとも、主従関係はスムースに意志は伝わる。折りたたみの剣をチューと一振りして剣先を畳まれた中から出し、先生の横に並ぶと達人になったような気分になる。

太極剣はすてきなスポーツである。

その頃になると、おじさんも遠くから羨ましげに剣舞を見ている。なにしろ格好の良いものにおじさんも弱いのである。いつの間にか、折り畳み式の剣が宿舎の中に二つになっていた。おじさんもそろえたのである。

広い研究室はおじさん一人だけであるから、おばさんに内緒で独学に励んでいる。もちろん、二人して日本で指導している姿を描きながら、夢は広がっていた。「それにしても、かっこいい。あの飛び上がって回転するところなど、きれい」太極剣は女性向きなのが、尚、気に入っていた。ひらひらなシルクの太極拳服で若葉台の公園で舞っているおばさんは、素敵かも。

太極剣・32式太極剣の概述

この剣の套路は伝統楊式太極剣に基づいて套路を改編したものである。全部の動作は〝起勢〟と〝収勢〟を除いて、全部で三二の主要な姿勢と動作を選定した。套路全体は四段（組）と各段（組）八つの動作とに分けられ、起勢から収勢まで全部で二回往復する（四段）。練習時間は大体三分間位を必要とする。動作の中には抽（抜き出す）、帯（引き連れる）、撩（切り上げる）、刺（突き刺す）、撃（打つ）、掛（引っ掛ける）、点（点を打つ）、下（切り降ろす）、裁（断ち切る）、托（支え上げる）、掃（切り払う）、欄（遮る）、抹（ぬぐう）などの主要な剣法と各種の身法と歩法を含んでいる。

しかし、剣も拳も流派によって、又時の流れによって変化し、確かな所はわからない。

杭州へ冒険　　六月十四日

夫が日本に帰国、一人上海に残されると、島流し、いや島ではない、大陸流しにあっているような被害妄想になる。せっかくこんな大上海の大陸流し的存在はまたとないチャンスである。日本の江戸時代に小笠原諸島に流された流民は、すっかり土着民と仲良くなり、文化を普及させただけではなく、自由もあったとか。まさに今、おばさんは自由を得たと空元気を出して一人旅に出ようと、いつか上海駅で見たヨーロッパ系の背が高く、すらりとした女性のように、大人の雰囲気になりたい。背の低いおばさんにとって大人の雰囲気はとても無理であるけれど、人生の残り時間は短い、一人旅出来るこんな機会はまたとない。けれどやはり上海を出るには他人に頼ろう、今まで上海では他力本願で生きてきたのだから。

「先日の蘇州のツアーは良かった。安いし」

というわけで、再び庶民ツアーの上海遊旅中心館に出かけ、パンフレットを見ながら、近い所で周荘にしようか、迷いながらとチケット窓口へ。

「周荘はバスありますか・・・・」

「・・・・」

わからない。

「杭州《ハングジョウ》もあるのだ・・（いつか行きたいと思っていた場所なのでハングジョウと簡単に言えた）」

今度は窓口のお姉さんは、その言葉をちゃんと聞き分けてくれた。

「杭州《ハングジョウ》ね、チケット一枚、出発は七時三十分」

こんな時は、英語で確認しよう。答えははっきりと返ってきた。

「one ticket departure 7:30 after 5」

「come here」

えっ来いってどこに、考えている時間はなかった。

「はやく」

近くにいた係りが引っ張って、土砂降りの中案内され、2号出発口へ。そして、がっしりとした女性係員に背中を押され、バスに乗せられてしまった。

「出発」

もうサイは投げられた。こぼれたミルクは拾えない。

にぎやかな車中の一人旅は、決して静かではなかった。

「まあ、いいか杭州は行ってみたかったし」

ゆっくりと車中を見渡した。夫婦連れ、兄弟？　友達？　中に不思議な組み合わせがいた。十五、十六歳ぐらいの　少し幼い少女二人を連れた中年の男性の三人連れ。親子でもなさそうだし、恋人にしても三人はおかしいし、二人の少女はほんとに幼く、頼りなく見え、他人ながら、これ騙されてどこかに連れて行かれるのではと母親心で心配になる。男性はとても親切そうだから、大丈夫かも。外の景色と中の景色を交互に観察しながら、二時間後に杭州の街中に入った。雨は止む気配はなかった。

「集合？　場所？　・・・回到近ル来？　・・・出？」

（What time departure and departure point ?）

ジェスチャーも入れてやっとガイドさんと会話が成立した。この一回目がうまくゆくと、次は同じ事であるからお互い筆記で、メモるだけになった。

ちなみに「書いてください。清写一下」と漢語も習得した。

雨の中、西湖の林の中を行くと、ほんとに太古の林かと思うほど樹木が生い茂り、今が緑と自然を満喫出来た。

「鯉多」

「看看」

西湖とは反対の小さな池に、過密状態で鯉が群れを成し、ここにあそこにそっちにあっちに、水面下で赤い布を流しているように見える。上海の町の人間洪水に似てここも人間と鯉の違いはあっても、満杯状態であった。


「船乗」

気の小さいおばさんは思わず空とガイドさんを交互に見た。

「安全・平和」

聞き取れたのはそんな言葉。

船は快適。遠くの寺院から木々から靄の中を眺める杭州は、遠く海から静岡や伊豆半島を眺めている感じがする。

「那里杭州花港湾（あれが杭州花港湾です）」

遠くの林の中に一軒ホテルが見える。湖も近くきっと朝夕素敵だろうとしっかりとチェックした。これが後から再度夫婦で来る事になった杭州のお気に入りのホテルで杭州花港海航度暇酒店であった。


西湖を船は簡単に横切り霊雲寺に向かった。その頃にはみんなびしょびしょの靴になっている。サンダル式の靴はその点大変便利で、気持ちよさそうに濡れている。おばさんはヒールでこそないが歩きやすい皮風の靴を履いていたため、気持ちの悪い濡れ方になっている。

霊雲寺は深山幽谷の趣がある飛来峰のふもとにあり、中国禅宗十刹の一つである。創設は三二六年インドの高僧慧理によるとされ、破壊と再建を繰り返し、現在の建物は清代末期が基礎になっているとか。最盛期には僧侶三千人がいた大きな寺院である。飛来峰には約三四〇体もの摩崖仏があり、寺に上る左の崖にもうその姿を見る事が出来る。

今日は土砂降り。その崖に彫られた仏像の横も滝のような水が流れ、一部の階段は川になっていた。

「これ」

ガイドさんが細長い筒のようなものを差し出した。どうも長いお線香のようなものである。

「謝謝」

「百元」

えっ手を差し出され、思わずほかの人は、と連帯感を確かめると、さすがみんな信心深げに筒をもっている。ツアー料金の二分の一の値段と考えると高い。日本円にしても、千円でやはり高い。でもここはみんなにしたがった。

「・・・・」

ガイドさんは何やら嬉しげに私の筒の領収書らしい黄色の紙をビニール袋に入れた。ほかの人のものも同じく回収している。どうもお土産品売り場からの手数料の回収になっているとおばさんは邪推した。ガイドさんは優しく、その筒に火をつけて、四方に向かって筒を掲げ祝詞をあげるようなしぐささを教えてくれた。

長いお線香の束はなかなか火が付きにくくはあったが、一度つくと燃えきるのが速い。百元分願いをと思っている間に残り少なくなってきた。あわてて四方に礼をし、子供たちの「幸せ」のみを呟いた。

「Very good・十六：〇〇集合パーキング」

ガイドさんはその姿を見届け、集合時間をつげるとおばさんを置き去りにして消えた。

四方に建つ寺はそれぞれに特色があり、是非、全部の所に子供たちの事を願掛けしないとわが子たちはまだ未婚が二人もいる。ポケットの中に願掛け用の賽銭四元を確認し、時間を計算しながら、おばさんの趣味半分プロ半分の絵描き（自称）魂で、西の一番由緒ありげな寺院、今まさに僧侶たちの合唱が聞こえるお堂に向かいスケッチブックを広げた。

鉛筆を走らせる頃には頭の中はプロ意識一杯になり、釈迦仏像と僧侶たちの衣の流れに目が鋭くなると、子供たちの結婚の願掛けはもうあきらめていた。

西湖（せいこ）
杭州市にある湖で、自然の島である孤山、西湖を分ける堤の苏堤・白堤・杨公堤、人工の島である小瀛洲・湖心亭・阮公墩に分けられ外湖には・西里湖・北里湖・南湖・岳湖、これらをまとめて「一山、三堤、三島、五湖」と称される。二〇一一年六月に世界遺産になっている。京劇白蛇伝の物語が伝承されている。

「あそこが白居易の白堤」

白居易だけがわかったので、ああなるほど彼は確か役人でもあったのだ。詩人だけではなく偉大な事業も成し遂げていたのだ。頭の中では詩を思い出していた。

「こっちは蘇東坡の蘇堤」

蘇堤と白堤で湖の中に長い道を作る事によって、湖の自然をも守り、また、美しさも味わう事が出来ている。二人とも詩人でもある。

中国では、歴史の壮大な絵巻物が目の前に風景として広げられる。


「集合場所のパーキングは」

道にはいくつもP記号がある、バスが止まった時に周囲を確認しておかなかった。

「あれは」

バスの座席で隣りあわせだった中年男に少女二人の不思議な三人連れがいる。印象深かったので覚えていた。

「こっち」

男性が迷子になっているおばさんにも合図してくれた。これで夫婦に少女二人の妙な家族連れになった。

「一人二人」

ガイドさんは遅れてきた四人を数えて確かめた。これで全部のツアー工程は終わったはずなのにガイドさんは一人下りたまま、それからしばらく帰ってこない。三十分ぐらいしてツアーでない客が二十人ぐらい乗ってきた。

「ええ?」

そういえば帰りの座席はツアー客が後ろの席にまとめられている。その新たな乗客は前の空きになった座席に黙々と座った。

「では私はここで」

と挨拶らしい言葉を残して、ガイドさんは消えた。

長い渋滞をやっと通過して帰りのバスは、予定より一時間以上も遅く上海体育館脇についた。不思議な事に後から乗った謎の乗客は下りないのである。昔見た、ゴーストタウン行きの乗客のように無言で座っている。ツアー客は、首を傾げながらバスを下り、三々五々と夜の上海の中に消えた。

おばさんもタクシーを拾い、今は一人住まいの宿舎に向かった。一人旅ではなかったけれど、庶民ツアーの一人行動は大成功で、満足感があり、メールで友人に自慢出来ると文章を考えながら、宿舎の室のカギを開けた。宿舎の中は完全に一人の異国の世界、夢に見た生活だった。

「フー、もっと若かったら最高なのに」

ゆっくりとベッドにもぐりこんだ。

白居易

詩人でもあったけれど、西湖に堤を造り、ハスを植え見事な美しい景色を造った。日本では清少納言の「枕草子」のなかで中宮（定子）に「香炉峰の雪は」と聞かれ、すだれを上げたという有名な場面は、白居易の詩からという事をおぼえている人もいるでしょう。

蘇東坡

彼によって長い蘇堤が造られ、西湖は水が枯れる事のない湖に変わった。ハスや花も植え美の感覚もあった。

冒険の旅2　六月二十四日

バスの初体験に続いて、近くの観光地に一泊する計画も立てている。日本の中高年の男性は人生の娯楽を奥さんと一緒に、というより、奥さん任せになる。ここの夫婦もその代表である。おばさんの友人のご主人はまめな人で、旅行も全部ご主人が計画し、実行に移している。

「羨ましい」

おばさんは計画しないとどこにも行けないで年を取ってしまうので、自分で計画し、実行に移す事にしているが、中国ではなかなか腰が上がらない。言葉がわからないからパンフレットを見ても、ちんぷんかんぷんでどう対処してよいのかわからない。

「このままでは、この小さな宿舎とスーパーと本屋の間で上海一年が過ぎてしまう」

思い切って計画する事にした。

まず、「無錫《ウーシー》」という所に太湖という大きな湖があり、自然が昔のまま残っていると観光の本に書いてある。人の多さにつかれてきた老夫婦、そこに行って長生きのエネルギーを養ってこようと意見が一致した。計画はもちろんおばさんが立てて、その計画にケチらしい文句を入れるのがおじさんである。

「交通は中国の新幹線が日本と違って安い」

「ホテルは日本語がわかったほうがいい。日系のホテルに」

おばさんは、本に書かれた都合の良い所だけ頭の中にいれ、難しそうな場所は避けた。自分で計画するのだから、好き勝手に出来て便利だと、内心、友人のご主人を羨まず、わが道、わが人生を納得させた。

「行くでしょ。静かだって」

静かの一言に、おじさんはうなずき許可が下りた。すかさず次の日におばさんは上海南駅に新幹線のチケットを買い出しに行く事にした。おじさんの気が変わらないうちに実行したかったのだ。

「まず、その前に簡単だから、日本語可のホテルと」

携帯で日本語の予約。こちらはパソコンのメールアドレスに詳細の返信を頼む。こうした作業は日本と同じだった。


さて、列車のチケットは駅に行かなければならない。上海南駅は広かった。

「汽車・・・」

汽車とあった看板に喜び、矢印通り進んだ。その矢印は駅の外に続いている。

「えーと、これでいいのかなあ。しまった。汽車？　違う確か中国語で汽車はバスだった」

知っていたのに人間の先入観は恐ろしい。日本では汽車は鉄道のほうであるけれど、中国ではバスだった。この方向は長距離バスのバスターミナルに行く矢印だ。

「対不対　火車駅？？」

音の言葉としては相手には全く通じない。なにしろ、同じ読みでも、四声という発音がある。全く違った意味になる。メモ用紙を広げた。

「後面」

歩いて来た方を指し示す。元来た道を戻った、二回ほどメモ用紙を広げてやっとチケット売り場にたどり着いた。ガラス張りの大きな窓口にぞろぞろと並び、上には赤くネオサインで三十日、一日と流れている。行く先もネオンがチカチカと漢字で流れている。

「漢字って便利、やはり同じ民族だわ」

いや、同じ民族ではなく、日本の言葉は中国から来たものなのだ。

目的の日時表示が流れる窓口は意外とすいていて、すぐにおばさんの順番になったが、まだこちらは心の準備が出来ていない。あわててメモ用紙に、日時と朝の早めの時刻と行く場所の駅名とを走り書きにし、窓口のくぼみに流し込んだ。

「・・・」

枚数を書かなかった。

「二」

「・・・・」

わからないまま見ていると、すでに係りはパソコンのような機会に向かって打ち込み、金額の提示、

「九十一元」

「本に書いてあるより高いなあ」

と思いつつ、日本と比べると安い。簡単にチケットを手に入れた。

「行きだけだ。往復は買えないのかなあ」

ネオサインを見ると帰りの日時も流れている。

「上海　到?」

「六十一元」

えっ行きと帰りで金額がこんなに違うの？　そんなはずはない。チケットを見比べてみた。行きは一等とあり、帰りは二等となっていた。何事も経験、一等、二等をそのまま経験するとの理由まですらすらと頭に浮かんだ。帰りは体も心も軽くなり、地下街をあちこちと見る。どこにでも衣類の店がある。見慣れた文字がある。

「えっ、lot（宝くじ）」

妙な英語を発見してしまった。おばさんは宝くじが大好きである。心軽くなった今、もちろん買った。外れはしたが、中国での楽しみが増えた。

後はおじさんの気分が変わらない内に、実行するだけである。ただ買ってしまえば、少しケチな所のある日本男児、キャンセルはよほどの事がない限り避けるに違いない。

「ふーん、無錫か」

おばさんの苦労も知らず大きくうなずき、チケットを当たり前のように見るおじさんはきっと長生きするに違いない。

無事に当日がやってきた。おばさんにとってはここで観光は成功した事になる。大好きなスケッチも出来るし、食事も作らないで済む。スケッチは、上海生活の記録として、たくさんためている。いつの日かおばさんの記録文の片隅にスケッチを載せたい。

無錫の一日

切符と宿の手配の次にくるのはもちろん当日の行程である。幸い上海駅には近くの地下

鉄でそのまま行ける。以前、武漢に行った時に黄さんに、

「とても混むのよ」

と脅かされていたので早めに出かけ、上海駅には一時間以上早く着いた。乗る新幹線は「和諧号」というのらしい。

思ったよりは混んでいず、待合室の堅い椅子に座る事が出来た。中国の椅子は日本のように木製ではなく、スチール製やプラスチック製で、これはこれで合理的だと貧乏性のおばさんは納得していた。

しかし、きれいではない。横の椅子の下には紙袋に入れたゴミが、前の席の親子は菓子パンらしきものを食べ、その屑がぼろぼろと落ちている。汚れるのも当たり前である。きれいでないのは椅子ばかりではない。中国の道、レストランの中、すべてが日本とは違う。日本の清潔さは国民性であるらしく、中国に来てから、きれい好き、掃除魔の異名がおばさんについてしまった。

もっとも、日本の悪友たちは、

「あんたがねえ」

ととても信じられないという顔で笑うだけだったけれど…

列車の待ち時間に人々を観察する。

「全くどこでも食べ、飲んでいる」

日本で言ったら新幹線の待合室。とても想像出来ないリラックスムードである。


やはりここにも、金髪にシックないでたちのヨーロッパ系の女性が本を読んでいた。ヨーロッパ系は目立つのである。日本人のおばさんとおじさんはどっぷりと中国人化しているが、気の毒なことに、彼女は時々好奇な目で見られる運命にあった。それでも静かに本を読み続けている。連れ合いもなく、この中国で旅をするのだろうか？　一人で旅のセットが出来たと自慢していたおばさんは恥ずかしくなった。彼女はこの待合室の中でも、ひときわとびぬけて見えた。一人ですくっと空気の中で輝いている。群れを成す日本の中年おばさんと違って、一匹の豹のように優雅でしなやかに見える。おばさんは女性として、かなわないと彼女の美しさに見とれ憧れた。


「えーと、私の席は5D、えっお父さんはそっち？」

（おばさんはおじさんをいつもお父さんと呼んでいる）

切符発売の窓口は、日本のように仲間同士を同じボックスに、などという余計な配慮は一切なかった。後でわかった事だが、自分たちで席の取り換えをする。という事であった。

「私、こっちに友達がいるから、あんたあっちの席に移って」

いとも簡単に席の交換はされていた。文句も言わずみんなそこはおおらかに事が進む。さすが大陸精神、心の狭いおばさんは心の目が開いた。

「我々も変えてもらう？」

「別にいいじゃないか、話をするわけではなく、景色だけ見ているのだから」

というわけで夫婦は沈黙で少し離れた道行となった。

上海を過ぎても町が続いている。ほんとに平らで山がない。

「つぎの駅か？」

電子版に無錫の文字が流れている。

「ええ」

さすが長年一緒の老夫婦である、顔の動きで遠く離れていても意志は通じた。

上海の次が無錫だった。

「すごい砂埃」

ここも工事中の道路が続いている。中国はどこでも建設中である。

「日航ホテル」

日本語のわかるホテルである。

紙に書いたメモは行く先である。運転手に見せる。簡単にホテルに到着。まだ午前中であるが、中国のホテル事情はおおらかに出来ていて、部屋が空いていれば、午前中でもチェックインはオッケーで、チェックアウトも十二時までとゆっくりとしている。

日系のホテルで、しかも最近リニューアルしたとか。天井が高く、装飾も金ぴかで豪華である。なかでもおじさんが気に入ったのは両側に客室が並び真ん中の広いほんとに広い通路、ホールと言ったほうがよいほど天井が高く、ふわふわの絨毯。それも所々に大理石のかざり床が配置よくある。

「太極拳をするのにもってこいの場所」

部屋に入る前からおじさんの手と足が動いている。

「バスタブは」

「バスタブ付にしたからあるはずよ」

「ある、ただ」

夫が首をかしげている。何かある。

「ええっ」

絶句した。絶句したのはバスタブではない。バスタブの中から窓が見えるのだ。

浴室はガラス張りで部屋を通して、窓から遠く景色が見えている。もちろん部屋からもすっきりとバスタブが見えるのである。老夫婦は無言であった。

はっきりと入浴中のお互いの老体が、丸見えになるのである。フー。

早速、太湖の周囲へ。ここは緑が豊かで広大な公園地帯、ゆっくりと散策出来る。

「うん、本を持って来て、昼寝しながらゆっくり出来る」

昼寝しながら本は読めないけれど、なんだかのびやかな気分になった。

この場所は太湖の南側で、遠くに対岸が見えるが、とても対岸には行けそうもない。

「船だ、そういえば趙（シェーン）さんがこの対岸の生まれで外に行くには船に乗ったと言っていた」

「船」

確かに遠くに船が走っている。でも、老夫婦はもうここに来ただけでエネルギーが切れていた。

「そうだ、この次にしよう」

湖畔近く、古い寺があり、周囲が渡り廊下で結んであり、所々に椅子がセットされている。風に吹かれてその椅子に寝転び、太湖への思いに夢見ていた。

「えっ、ホテルの向こうは歴史ある町があったのね」

その上、ホテルの裏はリゾート地。多分、急に豊かになった富裕層の別荘なのか、豪華な建売住宅のような一戸建てが運河に沿って立っている。

「歴史ある街へ」

という訳で、歴史ある町はと見渡すと、ホテルに近い所に南禅寺があった。大きな門にはっきりと「南禅寺」と書いてある。

京都の南禅寺とは違って、街中に趣もなく門がドーンと建ち、その後ろに門前町のように街並みが続く。

「昼飯、まだだ」

おじさんは、はっきり言うとアルコールをまだ飲んでないという意味で、街並みの中で日本人として食事が出来る所を探してほしい、というややこしい亭主関白の日本人夫の催促である。

「あそこ」

なにやら京都風の絵が掛かっている二階の窓を見つけた。

こんな所に京都がある。やはり南禅寺である。

「いらっしゃい」

日本語である。

「日本語話せるのね」

若い女の子は自分で勉強したという。その時おばさんは、ここは日本からとても遠いのに、日本語を勉強して、彼女はどうしたいのだろうと不思議に思った。ほんとはここにも日本の企業が来ていた事を後から知った。

ビールを飲んで、とても遠くまで旅をしたとおじさんとおばさんは、まだそう思っていた。


翌日は、半島に渡る。

「船に乗って、帰りの新幹線までに大丈夫よね」

「だいじょうぶさ」

船は向こう岸の半島に向かった。半島全体が寺院になり、観光客へのみやげ物の店がその脇にちょこちょことある。

「帰りの船に遅れると大変」

こんな所に島流しはまっぴらである。観光もそこそこに、再び船に。それでも結構楽しい無錫旅行であった。

帰りは、火車の中でゆっくりと眠った。きっと、途中で事故があっても、天国まで眠り続けるかのような深さで。

「スピードが速くて危ない時が何回もあった、ああ怖かった」

おじさんは起きていたらしい。日本と違うので恐ろしくて眠れなかったのかもしれない。

無錫　太湖

太湖は江蘇省南部と浙江省北部の境にある湖で琵琶湖の四倍の大きさ、北岸に無錫市、東岸に蘇州がある。日本企業もたくさん進出している。

昔は錫がたくさん取れたので、「有錫」と言われ、掘りつくし錫が無くなったので「無錫」と言われるようになったとの説があるが、定かではない。乾隆帝が何度も来たという寄暢園や絶世の美女の西施が暮らした庭園がある。南禅寺付近は昔の街並みが残っている。

とうとう夫婦で杭州へ　七月二日

「ほんとに、安いの」

安いの言葉でおじさんを納得させた。なにしろ日本では年金生活で、旅行は安いから行くという夫婦だったからである。

宿はインターネットで取るのであるが、どういう訳か、そうした面倒な仕事はおばさんがする事になっている。もっとも、自分の好みでホテルを選べるのでおばさんは内心「シメシメ」と思い、好みに合わせている。今回は、インターネットで取る前からホテルの場所を決めていた。それは西湖の観光ルートからほんのちょっと外れた花港という入り江に

あるホテルで、先日のツアーのガイドさんが、

「あの入り江にはホテルが一軒しかなく、静かである」

というようなことを英語で言ったのをおばさんは覚えていたのである。わかりやすい英単語のためおばさんの英語力で理解出来た。

「で、どこに泊まるのだ」

「杭州花港海航度假酒店、ここよ」

花港には一軒しかホテルがないから簡単である。

「チケットは」

「だいじょうぶ買ってくる」

それら手配はもちろんおばさんの仕事であった。中国語教室に通い始めようと独学も始めたので、切符の買い方は習得している。

杭州のバスはとてもわかりやすい。遊1（Y1）とアルファベットで表示があり、観光パンフレットに通行ルートが記されている。

「花港へ行くのはバス路線Y2よ」

バス停だけはわからなかった。後は地図とホテル名の身振り手振りで親切な中国の人に

頼る事にした。

「ここで降りるのよ」

バスのあちこちから声と身振りの助っ人に助けられて、杭州花港海航度假酒店の脇に降りた。ほんとに親切な人たち。


「立派なとこだ」

ドーンと正面には城郭のような建物があり、奥には森と中庭が広がっている。最初はちょっとトラブルがあった。最初に案内された部屋が暗い、窓の半分は隣との共有らしい。

「明るい部屋と申し込んである」

おじさんは、

「いいよ、我慢すれば」

事なかれ主義とめんどくさいのとでおじさんは、お前に頼めばこんなものさと、言わんばかりである。許せない。ホテルの応対も、おじさんの態度も。

おばさんはまめに働く習性が身についている。フロントに掛け合い二階の明るい部屋に換えてもらった。中国では言わないとダメと学んだからである。ついでにトイレの水回りも直してもらった。

「快適！　回復！」

このホテルは素晴らしい事がいくつかあった。朝食が見事なのである。ディナーと言っても過言ではないほど、中華から洋食、和食とバイキングすべてがそろっている。嘘ではない。

「どれもおいしい」

「お昼の分までしっかり食べよう」

朝とお昼の二食分をお腹に入れるのはちょっと難しいが、しっかりとあらゆるものを食べた。

レストラン内は西洋風で清潔でウエイター、ウエイトレスは礼儀正しい。

食後は静かな庭から小道の奥、静かな入り江とつながっている。

「プライベート湖よ」

「太極拳の舞台だ」

おじさんはしずしずと踊りだした。

おばさんも姿勢を正して剣を振り下ろした。

「剣が煌めく」

中国の人、人、の波はここにはない。

ここはまさに民衆から離れた、プライベートの湖とそれを取り巻く静かな自然と建物で周囲の騒音から隔離されていた。

後で知った事であるが、ここは共産党関係の人がよく利用する建物であった。

杭州花港海航度假酒店

西湖の各観光スポットに近く、花港観魚公園は道一本隔てた所。ホテル敷地面積は二万平方強で百二十台の駐車スペースがある。江南風の庭園式建築で、緑の庭が美しい。レストランは二つで大小の個室もある。西洋レストランは座席数二百六十。

もとは党の幹部の別荘であったとか、毛沢東・周恩来も立ち寄った。


杭州は見る所が山ほどあり、一泊だけでは足りない。最初なので、まずは自然があるという茶畑に向かった。バスに乗っただけでも味わえる自然、茶畑の緑が目に染みた。

老夫婦はこのホテルとプライベート的湖が気に入り、日本に帰ってもまたここに遊びに来ようと思っている。

ホテルからは観光地を離れた、静かなリゾート地への道が川の流れに沿って続き、どうも、エリート中国人の別荘地になっているらしい。あるいは党関係の人たちの保養地なのかもしれない。一般とは大きくかけ離れていた。もしかしたら、党幹部の秘密の別荘地なのかもしれない。しずかな邸宅の横を無防備に歩いてしまったけれど、もしかしたら政治的危険があったのかもしれないが気付かず、知らない事は恐ろしきかなというべき場所であった。ただ杭州花港海航度假酒店はとても気に入り、杭州はそのホテルがあるために、おばさんとおじさんは病み付きになった。

西湖《フーシー》の水面をたたいてくる風は
髪に背中に涼を投げ入れ

風に水　柳の枝もすべてとも
今が夜明けか至福なる時

やっと見つけた中国語教室　　七月十六日

「えっまだ中国語を勉強してないの？」
「うん、でも見つけるよ」

悪友からのメールである。いや、これは良い忠告なので、良友と言うべきである。

「見つけたわよ、良い教室を」

虚勢から、必死で日本語情報の新聞から中国語教室を探し、安くて、安全そうな地域の中から、ここはと言うべき所に電話を掛けた。

その前に、いくつか近くの教室へ外見だけでもと出かけたが、崩れかけたビルの中だったり、マンションの一室だったり、そして、月謝が高かったりで、なかなか希望に合うものがなかった。

やっと、教室を始めてそんなに長くないけれど、という広告を見つけ、内容を見ると、

「えっ、ここ安い、それに場所が日本人学校の近く」

とおじさんに聞こえるように叫んだ。まあ、許可を得るためである。

「どれどれ、ここもマンションの中らしいぞ。うんでも、日本人が住んでいる虹橋あたりだからいいかも」

初めての所だから、おじさんにも用心棒として行ってもらう事になった。

「初めてだから、タクシーで日本人学校の近くまで行こう」

中国はタクシーが安い。ただ、車体に数字が書いてあり、その数字の大きい方が良いタクシーだと教えてもらっていた。すぐわかる大きな数字である。

「間違っても、危なそうな個人タクシーには乗らないように」

と注意されていた。

「あれがいい」

おばさんが指差したタクシーは止まらず、近くにスーと危なそうなタクシーが来た。

「ノー」

あわてて、手を振った。

「フン×▽」

何やら罵声であった。やはり、悪いタクシーらしい。

「乗る前だから、良かった」

中国では自分の事は自分で守る必要がある。

「来た」

「これでいいんだな」

おじさんはそこの所は人任せである。

日本人学校まではうまくゆくとタクシーで十五分ぐらいで行く。前に一度来ている所なのでなんとなく道順もわかっている。

「ここでいい」

うーんなんて言ったかなあ、中国語で。

「オッケー。ストップ」

これで大丈夫だった。


「住所は華龍花園八〇」

その住所が、なかなかないのである。

「ねえ、もしかしたらこのマンション群の中では?」

「中国語教室の住所は」

そういえば携帯の中のスケジュールという画面にインプットしてきたはず。

「待って、えーとスケジュールはどう見たのだったかしら、お父さんわかる?」

わかるはずがない。おじさんは、携帯をメールが来た時以外使った事はないのだ。なにしろ相手任せだから。

「知らない」

おばさんはあわてているとなかなか今月の場所のスケジュールが出てこない。進んでしまうのだ。

「あっ、これこれ、ここみたい」

マンション街は高い塀に囲まれ、守衛さんもいる。

「守衛さんに聞いてみよう」

「なんて言うの？　お父さんは中国語話せるの？」

「お母さんが聞くのだろう」

そんな、中国語が話せたら中国語教室で学ぶ必要はない。

「守衛所は、無視しましょう」

それが一番なのだ。聞いてダメと言われたら困るから。このマンション街の友人を訪ねる来客であるよ、という顔になった。もっとも、来客には違いない。

「住居表示がある」

「八〇番か、そこらしい」

目の前に保育園と管理事務所のある管理棟が八〇番であった。

「良かった。塀の中なら安全よ」

中国では、安全という言葉がとても高価な響きがある。

場所だけ確認し、おじさんはほっとし、おばさんが中国語教室に通う事を大賛成した。

「これで、中国での雑用を頼める」

ともうすでに、人頼みの心が動いていた。


授業初めには、もちろんおばさんは一人ででかけた。おじさんの頭の中はもうすでにおばさんが中国語を話して、バスなどスムースに通っている姿しかない。おばさんは不安を隠した。せっかく決心したのだ、もう、決行以外道はないから。

もっとも、おばさん族の行動は言葉などはいらなかった。すべて状況判断で出来ている。

「早今好（おはよう）」

電話してあったので、すぐに教室に通され、若いよりちょっと主婦的な明るい先生、寮先生は屈託なく笑った。そして、

「山野さんね」

スムースな日本語が返ってきた。

「よろしくお願いします」

中国語教室第一関門突破である。


さっそく勉強する仲間を紹介してもらう。

「山住さんです」

えっギャルだ。髪の毛は金髪に染めお化粧はかわいくとても濃く、代々木か原宿から直通で来た、おばさんにとっては初めての人種だ。

「田端さん」

「よろしく」

ギャルさんとは正反対のしっとりとした奥様というより、内気な少女のようである。後から聞いたところでは、

「広東にいた頃は一度も街中に出なかった」

のだそうで、おばさんはひそかに「引き籠りママ」と名付け、ギャルさんはもちろん「ギャルママ」と名付けた。

「実はもう一人生徒がいるけど、今日はお子さんが風邪でお休みしているの」

もう一人は後から知った事なのであるが、ご主人は中国人で、仕事の関係で今は日本にいるとか。日本人の妻は中国にいて、中国人の夫は日本にいる、ちょっと変に思うかもしれないが、彼女の言う事には、

「娘に中国の文化を身につけてもらいたいと思っているの。それには小さな頃の体験が一番だと思うの。だから今、私と娘は中国にいるの」

夫の郷里になじまない日本の奥方に聞かせたい言葉である。もちろん、おばさんもその言葉に脱帽である。なんだか素敵な日本の女性を中国にとられてしまった気分でもあった。

それぞれ個性があって、今日あった二人ともとても素直だし、また、中国に嫁いだかわいい娘も気に入った。おばさんはもう娘が三人出来たと、上機嫌な気分になった。

「よろしくお願いします」

なぜ早くここに来なかったかと、悔やまれてならない。


「山野さんはどこに住んでいるの」

「上海天文台の学生用宿舎」

「帰りにいっしょについて行こうかなあ」

ギャルママさんである。

「今日、これから」

そんな訳で、シーチャンホイまで彼女はついて来た。

バスの中で、中国の運転手さんにも乗客にもギャルママさんは注目の的だ。日本の原宿からの直送スタイルのギャル、物事には驚かない中国のおばさん、おじさんをびっくりさせ、運転手まで運転しながら時々振り返ってギャルママさんを見るので、この交通ルールのない中国の道、危なくて仕方ない。

「前向いて運転してよ」

日本語で抗議しているおばさんだ。

「我、謝謝」

シーチャンホイは上海では日本の渋谷、原宿なのでなかなかの町、あちこちの店を覗いてから、やっと彼女を帰りのバスに乗せ、おばさんはほっとした。

「ふー、無事に帰宅しますように」

その夜は、興奮気味におじさんに報告した。

「えっ、教室見つけたのですか」

上海生活一年先輩の少々引きこもりがちの若い研究者、通称引きこもりドクターさんが羨ましげな顔になった。

「ぜひ、お勧めよ。若い美人の生徒さん三人と一緒よ」

「教えてください。僕も行きます」

ドクターはすぐに目を輝かせた。

「地図を書いてください」

彼にバスのナンバーと乗り換えバス停まで詳しく書いたが、結局一緒に行く事になった。

「そうです、そうです、地図に書いてもらった通りですね」

当たり前である。案内している本人が書いたのだから。どうも、研究者は書いてあるものは信用する傾向がある。

「決めました」

息子のようなドクターも仲間に入り、中国語教室通いが始まった。

「もっと早く、彼女たちに会いたかった」

ドクターは今まで付き合った事のない、ギャルママさんやものしずかなママさんや可憐な中国人になってしまった日本女性に感激したようである。

「初めてだけど、いいなあ、もっと早く会いたかった」

「ほんと、初めての不思議なギャルママさん。なんてかわいく純粋なのだろう」

疑う事を知らない彼女たちのこれからの上海生活は優しいものではない。母親、いや老婆心で心配をしながらも、彼女たちのまっすぐに上海を見る目に、まさに目が覚めた思いの、ドクターとおばさんの二人だった。

高速新幹線事故　七月二十三日

「えっうそ」

「この間、無錫まで乗ったあの新幹線だ」

「和諧号って言ったら私たちが乗った新幹線ね」

高速新幹線は無錫まで行く時に乗った。その新幹線が脱線し、鉄橋から落ちている。しかも翌朝のまだ朝陽の出ない薄暗いうちに、すぐに脇に穴を掘り脱線車両を埋めている。なんと、まだ原因などわからない、もしかしたらまだけがをした人が閉じ込められているかもしれない事故車を埋めている。

「そんな、現場隠滅よ」

それだけではない。死亡者の人数があいまいな上に救助もままならないでいる。

さすがに、大きな事故だけにテレビにも映り始めたが、すっきりとしない放送の仕方であった。はっきりと様子を知るには、中国ではインターネットでYahooニュースを見て、状況を知るしか方法がない。

「やっぱり、あの貨車を埋めるのはおかしい」

おじさんもゆっくりと異議を唱えた。

当然な事でインターネットでも、疑問として流れていた。

「死亡人数もおかしい」

中国では事故などで四十名を超えると共産党の幹部の首が飛ぶと聞いている。死亡事故は結局四十一名になった。その後、幹部の出方はテレビなどでは放送されなかったから、どのような政府の処理になったかは不明である。

「インターネットで調べたら」

宿舎ではインターネットの接続は出来ない。天文台の研究室に潜り込んで調べたけれど人数はなかなか正確な所はわからない。現場は立ち入り禁止になっているし、報道するつもりは党政府にはないだろうから。

ただ、この事件の時に、朝の六時ちょっと変わった番組が一週間ほど流れ、それがこの事件の一番の追悼番組に思えた。

一人の若者が静かに流れる曲に合わせて、詩を朗読し続けたのである。

かわいい子供がいなくなった
その子はこんな子で
その思い出はこんなこと
あんなこと
とてもとてもかわいい
大切な子供
しかし
もういない
かわいい子供はもういない

どうしてだろう
あの子はどうしたのだろう
かわいい子供がいなくなった

何回も同じ詩が繰り返された。

中国語がわからないおばさんにも、その悲しみがとてもよく伝わり、感動的で、市民の中のにじみ出る国家への憤りが、静かに、静かに流れている。

「これは叫ぶ声より、抗議の言葉より強い」

感動しながらも、もしかしたらこれは差し止められるのではないだろうか、と、危ぶんだ。中国ではこんな抗議の仕方は、共産党政府にとって一番恐ろしいのではないだろうか。

若者は静かに朗読を続けている。もしかしたら、我が子を失った関係者なのだろうか。

「きっと、党は差し止めるよ、この放映を」

おばさんは独り言を言い続けた。

やはり、間もなく放送は消えた。

この、静かな朗読は、この事件の底に流れた悲しみと、中国の普通の市民の良心の声が、おばさんの心に、しっかりと刻まれ、ずっと聞こえ続けた。

中国共産党政府はどのように受け止めただろうか。

日本のおばさんの子供たちは、

「お母さんから何も言ってこないから、大丈夫だ」

「うん、二人は乗っていない。もし乗っていたら、お母さんは大騒ぎするものね」

と無視した。

おばさんのかわいい子供は、かわいくない大人になっていた。


二〇一一年七月二十三日午後八時三十四分頃（現地時間 =UTC+8)、浙江省杭州市杭州駅発福建省福州市福州南駅行きの高速鉄道が、事故現場から三十二km南で、事故現場となる温州市双嶼近くの高架橋上のトンネル手前で停車していた所に、現場北方から走行して来た北京市北京南駅発の福州駅行きのＤ３０１列車が後ろから追突した

新幹線には六つの車両で、満員時には六百人乗れる。新華社の数字に基づいて計算すると、負傷者は二百十一名で後の三百八十四名についての無事か否かの報道はなく、死亡者の公表も当然なかった。もっと多くの死亡者が居たであろうが、市民権のない国民がたくさんいるので、不明のまま消えた人々がいても不思議はない。この事件で幹部三名が更迭されたと早くに発表されて、事件は幕となった。

なお、死亡賠償額は五十万元とか、中国では破格の賠償額であった。死亡氏名は正式には発表されなかった。

亡くなられた方々の冥福をお祈りいたします。

合掌

待っている症候群

どんなにか日本の若葉が恋しいかはおじさんもおばさんも同じであった。恋しくてたまらない時がある。

若葉台の裏山の風、広い林道は木々に覆われその葉を透かしてくるまばゆいばかりの朝陽、そして、日陰のしっとりとした空気、すべてが夏休みになったら、一時帰国したら味わえる。早く時間よ過ぎてと待ちに待っている。そんな思いでいたある晩に夢を見た。それは妙にすべての我々年齢に共通している感情を誇張した夢で、書き留めたくなった。題して「待っている症候群」なのである。

夢はとても恐ろしく、人間の極限の感情を表していた。

「あと五日したら帰国」

持病の薬を数えてまでもその日を確認した。夏休みの帰国計画を考えようとした。子供たちとおじさんの夏休みの日時の違いから夫婦、別行動をとる事にした。もっとも、私が航空運賃の安い方法を選んで、高いこちらの夏休み期間を避けた、と言ったほうが正しい。一人ゆっくり出来るのも後わずかと思いつつ、新幹線事故のため一人旅行も出来ずにおとなしく夫の留守を守り、帰りを待っている妻でもある。

「待っている」

寝ながら本を読み、頭の中で待っているという言葉が、ぐるっと一回転し夢路に入った。

夢は長野県の山奥にある山小屋のような、もっと奥のような、いや、中国の麗江の奥の山のような所でバスに乗った。隣に子供を背負った女性が少し腹立たしげに景色を見ている。

バスは夢であるから不思議な所にとまった。どうも終点のようである。私と女性はすたすたと下の多分、駅らしい所に向かった。子供を連れていない。

「あら、お子さんは」

不思議に思わず夢は展開しているが、しかし、おばさんは三人の子育てをした母親である、どこか、夢の中でも子供を忘れてはいない。場面は変わり、夢の中では置き忘れられた子供のそばにわが身を運んでいた。

「お子さんをおいて行かれたのはあなたですか？　必ず来るのではとずっと待っていたのです」

傍らに子供が寝ていて、運転手はじっとしていた。

「違います。お母さんはあっちの方です」

若い女性を指差した。

「前にもこんな事あったなあ、日本人が」

「ああ、わしも日本の子供を預かった」

「それでその子は」

「日本に帰ったよ、大人になってから」

そばの運転手と乗客のおじいさんがじっと成り行きを見ながら話している。

若い女性は反論せずに山の上の方に行く。みんな成り行きをじっと待っている。

追い詰められて若い女性は断崖に立っている。みんなはそれでもじっと成り行きを待っている。おばさんもじっと次に起る事を待っているのである。足がすくんだのか、ただ、感情は待っているのに行動は動かず、ジッと待っている。

夢はここで覚めた。

「あれはいつの時代だったのだろう」

おばさんは少し自分の夢がわかっていた。大きな黒い時の流れが中国と日本の間にある。

「何人もの子供がずっと親を待っていたに違いない」

また、今でも中国では、少数民族は政策の中から捨てられている。子供は教育も受けられず、一生を貧しいまま暮らす。少数民族の、彼らの子供たちは幸せな未来を、今でも待ち続けている。


上海に来てから待つという感情が、おばさんの気持ちの中に大きな位置を占めていた。一年間、日本との環境の違いに戸惑い、解決したり、中国観光も味わう事を後回しにして、難しい事はおじさんもおばさんも誰かの手助けを待つ事が多かった。

おばさんだけではなく、姉や友人たちも、

「帰って来るのを待っているね」

「はやく帰って来てね、待っているから」

とても、うれしい言葉と思っていた。でも、日本で震災の惨事がおきてから、待つ、待たせるという事は罪な時もあると思うようになっていたから、こんな夢を見たのかもしれない。

「それに、待っているだけで、私は時間の無駄をしているのでは」

中国語教室でのハチャメチャに行動するギャルママさんの、待たない人生にどこか刺激された。

同じ世代の日本のおばさんたち同僚も、災害の復興をただじっとして待っている。上海で暮らしていると、このおばさんのように一番楽な方法で日々を過ごして、じっと日本の以前のような穏やかな時間が来るのを待っている。その気持ちになれてしまうと、恐ろしい事も深く思わず、じっと待つような気がしてきた。明日は待たない人生を考えてみよう。そう思わされた恐ろしい夢の教訓でした。

「そういえば女性だけではない。中高年の男性はもっと待っている。食事の出来るのを、妻が何かしてくれるのを、じっとじっと待っている」

待つ事は美徳ではない。ずるいのかもしれない。失敗しても、一歩進む、ハチャメチャギャルママの素直な行動が心地よく、かわいく賢いと思う。

「よし、今日はなにかしよう」

明日からは、待っている症候群は、なまけもののおばさんの心から出て行ってくれるだろう。

携帯電話料　おじさん帰国七月二十二日から七月三十一日

七月の末に夏休みになった学生たちはそれぞれ郷里へと向かい、おじさんもいそいそと日本に帰った。おばさんは残った。

「子供たちが休みではない。日本の休みはお盆の頃よ、子供たちがお休みに帰って来たら、母親がいないとかわいそうだから、私は今回帰国するのを延ばすわ」

と、おばさんが一人で上海に残った。ほんとは他に理由があった。帰国旅費を節約しようと考えたのだ。それは大きな罪の意識があったからでもある。

実は東日本大震災の後、日本が心配で毎晩、携帯ニュース見ていた。六月の初めに戻った時にａｕから電話があったのだ。

「電話料が高くなっていますので、お知らせします」

「いくらですか」

「〇万円です」

びっくりする値段になっていた。これは上海から日本を往復する値段（気休めであるが旅悟空から買う安い航空券の値段である）だった。

「これは一回、日本に帰る事をあきらめよう。罰則だ」

一人で罰則をその時決めた。

そんなわけで、暑い夏一人で上海、そして、暑い日本を味わう事となった。

しかし、この夏の上海独居生活は、考えようによっては一人海外生活でもある。おじさんには内緒であるが、時間にとらわれず、行動は自由であり、食事は手抜き、時間も自由、内緒の楽しい日々だった。もちろんおばさん日記にも書かない。内緒は記録しない方がいいのである。内緒だから。

その上、日本への帰国もおじさんは上海にいるから、久しぶりの日本独身生活。しかも日本文化の温泉行きで、これも内緒の美々たる日々であるから、おばさん日記にも書かない。

互人多（フレンド）の事

情報誌の「ザピオン」にはいろいろとお世話になった。この「フレンド（互人多）」という団体もそうで

あった。

日本人奥さんたちのボランティアのグループで、どんな事をしているかと言うと、中国にはまだ、学校に行く事の出来ない子供たちがいる。それは少数民族で一般の中国人（漢民族の上海人など）より貧しく、差別もあったりと、めぐまれない子供たちのために学校を作ろうとボランティアのコンサートを開催したり、手芸を作り売って学校づくりの資金としている。すでに、希望という名前の学校が幾校か出来上がっている。

「行ってみるわ、すごい事だから」

ほんとは少し危険かなあ、と思いもしたけれど、上海短歌会の人からも互人多の紹介があったので、小さなリュックに情報誌に書かれたように、お針の道具を入れ出かけた。

「私が針仕事出来るかなあ」

おばさんは芸術家なので、主婦業は得意ではないのだ。おじさんは、

「小学校の時、雑巾を縫って、賞をもらった」

と自慢している。でも、子供たちの学校へ持ってゆく雑巾はおばさんが縫っていた。

「お前のぞうきんは実用向き、俺のぞうきんは芸術品だから」

という事らしい。小学校の先生はどうして、うまく拭き掃除が出来るぞうきんに賞を出さずに雑巾の芸術的美のあるものに賞を送ったのだろうか。いまだにおばさんは疑問であった。

昔話はこのくらいで、地下鉄10号線の虹橋でおり、目的のマンションに向かった。

中国のマンションはいくつもの集団の建物になり、塀に囲まれ、必ず入口には守衛さんがいる。しかし、一度も検問に会った事はない。そのまま、扉を押して中にはいる事は自由だった。

「これって、安全はどうしているのだろう」

と思うのだけれど、おばさんスタイルはどう見ても危険人物には見えない。

「さて、暗証番号は」

各建物の階段口には重い鉄の扉があり、暗証番号で開くようになっている。

「開かない」

不慣れのためにタイミングが狂ったのである。

「邪魔」

横から中国人のお掃除おばさんが、おばさんを後ろに引っ張った。扉はあっけなく開いた。もちろんおばさんも後に続いた。

「これって安全ではない」

けれど、スムースに侵入出来た。ついでに、さっきのお掃除おばさんは通称「あいさん」と呼ばれている。家事全般をしてくれる、中国人の家政婦さんである。何でもこなして、そして、信用おける人材らしい。中国で生活する日本人の家庭では欠かせない人たちである。時間給は十二元ぐらいとか、考えてみると安い。

「そんなわずかの給料では生活出来ないのでは」

「そうでもないのよ。中国では父、母、子供たち一族が一緒に暮らし、経済はみんなの収入を母親が管理するの、全部の収入を合わせるから、生活出来るのよ」

なるほど、我が家でならいくらの収入になるのかなあ。

子供は三人、全員まあまあの給料でおじさんの年金と多少の講演料、おばさんの年金少々とおばさんのアルバイト（内緒）を管理はおばさん！

「う…すごい家族全体なら我が家はすごい、そう言えば、京劇に出てくる華族の家庭ではおばあさんが絶対権利を持っていたわ、あれは彼女が全体のお金を管理していたから、強かったのだ。尊敬されて敬われているのとは少し違うのかも」

と、意地悪な想像をし、しばらく、おばさんは家族全員を管理し、左うちわでいる姿を浮かべ、自己満足に浸っていた。

それも、夢のまた夢、日本ではわずかな年金の中から、かわいい子供たちに援助しているおばさんでもある。

夢から話をもどそう、「フレンド（互人多）」に参加するためにマンションの部屋に向かっていたはず、マンションは結構古い。中国でのマンション事情は、国が土地を貸与しマンションを建て、七十年の期限付きと聞いている。期限が来るとマンションは壊される。

「期限前に急に業者が来て壊されたの」

という話も聞いた事がある。

「ここは何年だろう」

日本の古い町の、公団住宅を思い出す階段を上ると、ドアは開いていた。


「どうぞ、こっち、空いている所に座って」

「ここいいわよ」

みんなはちらっと顔を上げたけれど、作業は続いている。

「これは匂い袋よ」

かわいい模様の布で作った匂い袋は、ハート型に作られ、なかなかのものだった。

「これは髪留め、鍵棒で作るの」

「長編みと細編みね、知っている」

そんなに広くないリビングは女性たちでいっぱいになっている。

キッチンにつながっていて、食卓にはお茶が乗っていた。今風の井戸端会議さながら、おしゃべりしながら、作業はどんどん進んでいる。今日は見学だけと思ったのが、そのまま作業員の一人になり、かわいいハート型が、不器用なおばさんの手でも作られた。

「これって、日本でも出来る」

「ちょっとみなさん、手を止めないで聞いてください。この間お話しした、東日本大震災のチャリティーコンサート「希望コンサート」ですが、日本から加藤タキさんが来て司会をしてくれます。お手伝い出来る方この紙に帰る時に名前書いてください」

まとめ役である進士さんは、上海生活二十年とか。進士というと中国では歴史上偉大なことばで、日本の博士以上、進士試験に合格すると、一族は路頭に迷う事ないほどの生活が保障される。でも、まとめ役の進士さんは本当に日本の名字とか。もちろん、活躍もその名に恥じない偉大な人である。

「山野さんもぜひ参加してね」

もちろん、おばさんは参加するつもりである。日本の友人たちは、

「東北はたいへんなの、上海にいる山野さんは知らないでしょう。私たちは電力制限など協力しているの」

と言われ、肩身の狭い思いでいたけれど、ここの人たちはすぐに行動し、チャリティーコンサートまでなんでもないように決行している。

あらためて、自分自身の怠け心が恥ずかしくなったいっぽう、震災のボランティアが少

しでも出来た気持でうれしく、ほっとしている。

その後の「フレンド（互人多）」の活躍は遠く日本にも、この井戸端作業を遠征させたと聞き、

「上海まで来る事が出来る日本女性は、もしかしたら日本にいても、どこにいても指導的立場で行動出来る人々に違いない。能力も実行力も、人物も、そして、美しさも素晴らしい」

とおばさんはそっと自分自身をその仲間に入れた。

「上海まで来たなつみおばさんは、どうなの、ほんとに含まれるの、その条件に」

そこは言わないでほしい。おばさんは弱虫、怠け虫の代表で、その上決して美人ではないから。

フレンド（互人多）

「互人多」は、上海に駐在する日本人の奥さんたちが、中国の子供たちに支援活動を行うボランティアグループとして、九七年に立ち上げたものです。当時の中国国内では、家庭や地域事情などにより、教育を受けられない子供たちが毎年約百万人いる。ボランティア活動を行う事を通して、その子供たちを支援し、「教育を受ける事が出来ない子供たちを経済的に支援する事」「学校を建設する事」が目的のボランティア団体である。

希望コンサート

東日本大震災のためのコンサート「希望」が十月二十日、上海の大劇院で行われ、コンサートにはバイオリン奏者であり、上海交響楽団首席コンサートマスターなどを務める藩寅林や上海オーケストラの協力で、「フレンド（互多人）」の代表の進士薫らの実行委員で開催された。

上海から帰国した今でもおばさんのパソコンには連絡が入る。東北まで震災のボランティアにも来ている。活躍は頭が下がる思いである。

中国での進士

中国で五九八年〜一九〇五年、即ち隋から清の時代まで行われた官僚試験の中の一つで、科挙という官僚試験の中でもっとも難しいと言われる。これに合格すると進士と言われ尊敬された。

西安、南京の事　　十月十六日から十月二十日

「西安に行く事になった。奥さんもご一緒にとボスも招待する方も言ってる。行こう」

「西安って、あの兵馬俑がある所？」

「西安市より少し離れているから行けるかわからないが、多分向こうの人も見せたいだろ

うから、案内してくれると思う。その帰り道に南京市へ行く事にする。松尾さんが今、南京の天文台にいて、是非来てくれと言っている」

「南京市は日本人大丈夫なの」

南京事件の事が頭の中にあった。

「松尾さんが住んでいるのだから、大丈夫だろう」

「兵馬俑は見たいから西安市へ行くわ、南京市も行きたい」

「お前さんの旅費も出してくれるらしい」

「自分で出すべきじゃない」

「まとめて買うらしいから大丈夫みたいだよ、まあ、任せよう」

「いいのかしら」

とは言ったものの、好意はありがたく受けるつもりだ。団体ではなく、別行動になると、行動が複雑になり、もっと迷惑かける事になる。なにしろ、おばさんに何かあったら、上海天文台の責任になるので、目の届く所にいるのが、おばさんの勤めでもある。

「出発からみんな一緒がいい」

夫婦二人はまたまた人頼みになった。

「見たい所一杯」

と思ったけれど、西安市のガイドブックはなかった。持って来たのは上海周辺のものだけだった。

「虹橋空港から国内線ね」

虹橋空港は国際線と国内線は少し離れている。国内線は日本と違って、出発時間はルーズで正確でない。

「まだなの、出発は。もう三十分も出発時間過ぎている」

みんなはゆうゆうとしている。中国にはゆったりとした時間の流れがあるのかもしれない。

「やあ、奥さんも行くの」

ちょっと会うのがためらわれるGさんだ。彼は日本に十三年暮らし、日本語はペラペラで娘さんは日本の大学に入っている。まさに日本人並で、その上、声の大きさは中国人である。

「早上好、よろしくお願いします」

「ぼくもついて来ただけ、向こうの会社の招待だから、いいの、いいの」

周囲は日本語がわからない人が多いのと、団体のみんなは、彼の無礼講は周知の事実なので、気にする人はいない。

「会社って、日本の会社ではないですよね」

「当たり前」

そうだ、前から聞きたい事があった。それは、中国の会社組織の事で、どんな人が社長になるのか、その人は党関係でないといけないのだろうか。

「その会社って国営なの」

「ばかだなあ、中国の会社はみんな国営さ」

「えっ」

日本では、会社経営で社長という人種になるのが、お金持ちの早道だけど、中国では、お金持ちになるにはどうすればいいのだろう。この頃中国は、貧富の差が大きくなっていると聞いているが、どうして貧富の差が出来るのだろう。それを聞きたいが、あの声で、「党の幹部さ」なんて答えられたら、ちょっと恐い。それでなくても、注目されがちな、外国人のおばさんなのだから。

「そう」

「何か聞きたかったのではないか」

「いいえ、娘さんは震災の時、大丈夫だったの」

「心配でさあ、ほら、去年、日本に帰国したKさんに聞いてもらった。近くだったけど大丈夫だった。まだ心配だけどね」

彼の娘さんの無事の話は、Kさんからも聞いていた。

「中国に呼び戻したら」

「いや、日本の方が長くて、もう日本人みたいだから、中国へ来ても生活しにくい。無理だな、中国で暮らせる訳ないだろう」

彼の無礼講の中国批判は、いつまで続けていられるのだろうか、ちょっと心配にもなる。おばさんの老婆心である。


「おっ出発出来るらしい」

遠くに避難していたおじさんが来た。都合悪い時は遠くにいる術を自然と心得ているおじさんである。


西安のホテルはなかなか良い所で、レストランに会社にとホテルは近く、すべてその筋でまとめ上げられている感じである。

「夕方はみんなで食事だから、早めにホテルに帰っていてくれ。暗くなる頃は、絶対外に出ないでと、シェーンさん（夫のボス）が奥さんに伝えてくれと、言ったぞ」

「わかったわ」

ここで問題を起こすと、天文台に迷惑かける事になる。ホテルの周囲のお土産店に寄る事にした。なかなかの町で、小さな店にもどことなくセンスがあり、少し中国というより、インドや東南アジアの整備された路地町の雰囲気がある。

西安は、昔の長安でシルクロードの歴史が頭の中で渦巻き、遠くは、秦、周、漢、隋、唐の時代の首都であり、その後、いろんな時代を経て明、清へそして、革命の時代を過ぎ、今の西安がある。一言ではこの都は語れない。それが西安である。


おばさんの頭の中では、歴史で学んだ西安という名前が、ムズムズとしている。西安《シーアン》は日本では長安という名前で、歴史の授業で聞いた記憶がある。奈良の平城京、京都の平安京がここ西安（長安）の都市づくりをモデルに築かれた都だと、学んでいる。

絶対街並みを見たい、おばさんの足は、町の角を曲がりたくなる。

「今日は我慢、我慢」

夕食は、それぞれホテルのレストランで自由に食事するようにセットされていて、どこで食べたら良いのか迷う。と言うのは、いくつかのレストランが宿泊者の種類によって別れていたからであった。外国人と中国人と別れていたのかもしれないが、外見は中国人に見える日本人にとっては選択が難しい事であった。

外国人なのだからと西洋レストランの食事にした。おいしかった。

暗くなる町は、そのまま長く、そして深い歴史を隠し持つ西安が、今、目の前に、杜甫や李白がそのまま出てきそうな闇となって広がっている。その時代に行ってみたいとおばさんは暗い町の魅力に取りつかれていた。そう言えば、日本でその当時のドラマがテレビで放映されていた。確か王宮での跡取り争いと恋物語である。

「おばさんでは無理」

夢の中で恋争いをする事にした。

西安市

「西安」は北京から南西に約八〇〇㎞、上海からは西方に約一〇〇〇㎞の中国内陸部に位置する陝西省の省都です。

西安に中国の都がおかれたのは非常に古く、紀元前一一世紀に殷の王朝を倒した西周王国が豊景（ほうけい）・鎬景（こうけい）地区（今の西安から西北西に約百三十㎞の所）に都をおいた事に始まります。初めての皇帝は秦の始皇帝（二一〇年）で、その後、唐が滅びる十世紀初頭までの二千年の間に、十二の王朝によって通算一一二〇年という、中国史上でもっとも長い期間王朝の都がおかれた地です。

この地が、これほど長く都として栄えてきたのは、その地理的条件が良かったからで、秦の始皇帝や漢の武帝、玄宗皇帝、楊貴妃など中国史を彩る人物や、杜甫、李白など著名な詩人・文化人が活躍をした。当時の隋や唐は、遣隋使、遣唐使などにより多くの中国文化が日本にもたらされた時代で、奈良の平城京、京都の平安京がここ西安（長安）の都市づくりをモデルに築かれた。唐代には、シルクロードによる東西交易によって経済的な発展を遂げ、現在の西安に残る「城壁」は明代の初期に築城されたもので、城壁に囲まれた街区があるのは当時の城壁内の一部で、その規模は面積にして約十分の一。当時の都は大きい街であった。

「明日の午後、兵馬俑博物館へ学生さんが連れて行ってくれるそうだ、午前中は会議だから」

「そう、行けるのね」

まずは兵馬俑に希望を持って、ホテルの中庭で老夫婦は太極剣を舞い踊った。

「気持ちいいわね」

ロビーの奥には喫茶店があり、夜にはピアノの生演奏があった。もちろん、おばさんはそのピアノを弾きたかったが、楽譜は持ってこなかったし、今はショパンしか暗譜してない。ここでは外国のショパンを弾いて良いのかわからなかった。

今は他の曲は暗譜が出来なくなっている。おばさんの指は三曲までしか暗譜出来ないのである。続けてショパンを三曲弾き暗譜してあるので、今は他の曲は弾けないのである。ピアノ奏者は、中国の曲らしい優しい響きの曲を続けて弾いている。

「ショパンもいいわよ」

おばさんは独り言を言っていた。

「my name is Rong《ロン》 wo《ウォー》 ping《ピン》（栄武平）」

日本のどこにもいそうな学生さんが、午後にロビーで待っていた。

「I' m glad to see you」

西安は見る所はいっぱいあるけれど、一番の希望で始皇帝兵馬俑記念館から見る事にした。

「入場は混みますから」

本当であった、入口には何列かの列が作られ、ズラ〜と並んでいる。

「意外と横入りはいないのね」

中国では横入りは日常的なのに、少ない。もっとも、おじさんとおばさんとはだんだんに離れていく。おばさんは上海でおばさん同士の争いになれてきて、負けないから前に進める。おじさんは女性に弱いから「どうぞ」精神でだんだんに後ろとなる。その間で栄さんは迷いながらも中庸をたもっている。

「やっと次ね」

ゲートからは小さな箱バスになる。遊園地の乗り物のようなもので、記念館の入り口近くまで行く。

「あっ」

最後の詰めが甘かった。おばさんははじき出されて、乗り遅れた。

「次」

「いや、tach help」

男性が小さな箱バスから引っ張り上げてくれた。

「謝謝」

すそ野を登り、記念館は高くない建物で、いくつかのブロックになっていた。


兵馬俑とは、もともとは中国の初めての皇帝である秦の始皇帝の墓の中に作られ、死後の世界、と言うより死後でも普通に生活するという思想の下、地下に造られた宮殿である。皇帝が日常の生活が出来るようにいろいろと工夫されていた。川も作られ、水の代わりに水銀を入れたという話がおばさんの頭に記憶という形で残っている。農地の井戸を掘っていた時に発見されたものだという。兵馬俑とは兵と馬の土で作られた人形なのであるが、形は思ったより大きい。

「等身大に作られています」

だそうであるが、上から見るのでそんなに大きくは感じられない。

人形？　人型？　がたくさんなのにまず驚く、高台から大広場の人々を眺めるような雰囲気であるが、人形なので声がない。たくさんの人型がいるのに音がない、朝礼の整列に似ている。また、日本の戦国時代の歩兵によく似てる衣装なので、まるで戦国時代の絵巻物を立体的に見ている感じがする。


一方が山で、もう一方は広い平野になる、その山裾の斜面に始皇帝陵があったらしい。今は記念館が建ち、周囲は原野に近い状態である。

「まだ、発掘は続いています。まだまだです。それと、埋葬品が空気に触れると色彩が変わるので、そのままにしておいた方がいいのです」

兵馬俑は、詳しく説明するよりは、おばさんのスケッチで日記文の代わりとする方がわかりやすい。このスケッチは傘が閉じたり、開いたり出来るようになっている。昔の話なのに便利に出来ている。

おばさんは、案内してくれた栄さんがとても素直でなんだか、息子といるみたいな気分になっていた。

「恋人はいるの」

余計な事を聞いた、おばさんの特権である。

「はい」

ああなんて、羨ましい事か。

そう言えば、この兵馬俑には女性の姿をした人型が見えない。

皇帝には女性が必要では、と余計な詮索をしてしまった。


彼のガイドは兵馬俑だけで終わった。

「彼女にこれを」

フレンドで作ったハート形の匂い袋を渡した。西安に一人忘れられないかわいい息子が出来て、おばさんは幸せになっていた。


次の朝、ホテルの中庭で太極拳をゆっくりとしながら、おじさんはゆっくり言った。

「今日は忙しいぞ、町を見てから飛行場へそして、南京だ」

ゆっくりの太極拳が終わった頃、ロビーには、招待会社の英語の達人と英語が出来ない運転手の二人が待っていた。英語の達人はおじさんの係りで、出来ない人はおばさんの係りとなった。

「困るよなあ、言葉が通じないのに、おばさんの相手とは」

そう言った訳ではないが、まさにそんな顔をした。お嬢さんだったらきっと、顔が違っているはずである。

「清問　写下書」

おばさんは紙に漢字を書いた。

「悠名?」

「おお、会話出来る」

おばさんの相手の顔がうれしそうになった。

それからはおばさんとガイドおじさんは紙の奪い合いで会話が始まり、とても楽しくなった。

西安の有名な場所を、二人は案内してくれる事になった。

「鐘楼、鼓楼、城壁かなあ」

英語達人の案内人は、おじさんとガイドする所を計画している。

「城壁、これは古いのは焼けてしまった」

「どこか見たい所は」

どうでもいいよ、という風におじさんたちはおばさんを見た。

「空海が修業した寺、清龍寺」

おばさんは昔おじさんが夢中で見ていた本「空海の遣唐使時代」をぴらぴらとめくった事がある。西安で空海は、清龍寺という寺で修業したと記憶していた。清龍寺という名前を不思議に頭の中で覚えていたから、少しだけ知識を出して見たかった。

「では、清龍寺から」


清龍寺は入口が工事中で車を降り、少し歩くと静かな寺で、後から聞いたところ、日本人しか来ないから静かな寺だとか。中国の人はにぎやかであるから、空海は静かでほっとしているであろう。ゆっくりと回り、空海の異国での苦労をしっかりと、おじさんが寺を回りながら、詳しく話してくれた。寺というより、京都の町屋のような雰囲気があった。中央にある塔が法隆寺風でもある。

「次は鼓楼」

「鐘楼ではなく太鼓なの」

ずらり、本当に太鼓が並んでいる。日本の太鼓と同じであり、お諏訪太鼓の音のすごさを思い出してたたこうとすると、

「NO」

紙会話のおじさんがあわてて止めた。

「清・・・(さわらない)」

と張り紙がしてあった。


「街中」

門前町と昔のお土産町のあわさった町並は、見るだけでも楽しい街並みだった。

珍しいものいろいろ、そして、紙会話のおじさんはクルミを買っておばさんに食べろと渡してくれた。とても、おいしく、おばさんは、同世代のボーイフレンドが出来た気分である。


「西安の城壁は環状に残った唯一のものです」

「この辺りの町が古いそうだ」

「すごーい、あの屋根見て、弓形」

城壁は周囲の長さ約十三km現在中国で完全に残る唯一の城壁で、東西南北に城門が設けられている。城壁の上は十二mから十四mあり、西門は安定門と言い、シルクロードの発着点になっている。南門は永寧門と言う。

みんなで西門から登り、城壁の上をそぞろ歩きをすると、おじさんはもう太極拳を始めている。城壁の上はとても気持ちが良く、おばさんも剣をサーと振り下ろした。

「オー」

通りがかりの中国人まで歩みを止めた。

鐘楼や楼閣などが見え、眺めがいい。この上ではマラソンもするそうである。


「ところで時間は、飛行機間に合うの」

「彼らは時間を知っているから大丈夫だろう」

大丈夫ではない時間になっていた。なにしろ、英語達人のガイドさんは運転しないから、空港までの時間は知らない。運転してくれるボーイフレンドは、飛行機の出発時間を知らなかった。


「だいじょうぶ、間に合った」

国内線は遅れるのが相場だった。中国の相場に感謝である。

「良かった」

無事に南京に向かった。良かったついでに、飛行機の中はゆっくりお昼寝タイムになり、疲れで出来た皺を少しだけのばす事が出来た。

南京

「着くと南京大学の学生さんが迎えに来ているはずだ」

南京には松尾さんと会う以外に、南京大学の先生とも会う事になっていた。

「奥さんも大学の先生だったはず」

もうお年とか、でも、現役らしい。中国には定年はないと聞いている。

「先生はホテルでお待ちです」

ホテルも取っておいてくれた。が、問題が起きた。

「ダブルベッド」

それは困る。ここは妥協せずにフロントに交渉。

「ＯＫ」

オッケーではなかった。ベッドはダブルベッドで部屋の大きさだけが替わった。

「ＮＯ」

ここでドイツ人のマリアさんになった気分でがんばった。ダブルベッドはいびきの二重奏になり、健康に悪いのである。

「Two bed」

「ＯＫ」

やっと成立、その頃にはおじさんと老教授夫婦のお話は終わっていた。夕食は町に繰り出すという。

「松尾さんと会う事になっているのでは」

「彼とは明日になった」

そんな訳で、南京での食事はまたまた中華料理。お腹の中であっさりにしてくれと、お腹の虫が叫んでいる。でも、ここは中国、南京である。あっさりは遠かった。

「ぼくは仕事を早くして待っていたのに」

松尾さんの恨めしそうな顔がとても気の毒になった。南京で日本人であるという事は、我慢しなければならない事が、いっぱいだったのだろう。気の置けない日本人を待ち続けていた松尾さんなのだ。

「行きたい所は」

「どこがいい」

「夫子廟の江南貢院かなあ」

「江南貢院？」

「科挙試験の会場さ」

科挙とはあのフレンドの進士さんと同じ名前の資格をとる試験である。おばさんはがぜん元気が出た。

「進士の試験ね」

「役職はいろいろあるが、進士が一番難しいと言われている」

「まあ、どんなに難しいか江南貢院を見ればわかるよ」

江南貢院は一人一人が科挙の試験を受けた小さな部屋がたくさんあり、その中に人形が、一体ずつ試験を受けたそのままの姿で入っている。問題を解いてすっきりとしている人、悩んで衣装の乱れている人、もうあきらめてひっくり返っている人、気が狂ったようになっている人、見ているだけで、その試験の難しさがあらためてわかった。

「大変だったのね」

「うん」

でも、女性はいない、中国の友人が、

「今は男女平等だけど、つい最近までは男尊女卑だったのよ。地方に行くと今でもね」

わかる、日本だって同じであったから。おばさんは女性なので科挙試験をちょっと他人事でながめていた。

「男は大変だったのだろうなあ、当時は兵士になって戦うか、科挙試験のために日夜勉強しなければいけなかったか、今も変わらないですね」

松尾さんは結婚もしていないのに人生の苦労を深く味わった顔をしているが、おばさんの意見はまだまだ考えが甘い、だから、結婚が遠いのでは。ちょっと、男女平等問題には神経質な気持ちが、意地悪になる老婆心で見た。

「次は天文台から城壁のほうへ」

「南京にも城壁があるの」

「古いもの、明の頃のものがある」

西安の城壁はドーンといかめしいので、城壁というより砦の外壁という感じであるが、南京の城壁は穏やかで、日本の川沿いの土手に似ている。城壁がそのまま民家の庭につながっていたり、寺の入口になっていたりで、楽しい散歩道になっていた。

「鶏鳴寺ですって」

「行こう」

寺の中には食事する場所があり、眺めも良い。

「まずは、駆けつけ一杯ビールですよね」

「ごちそうしますよ」

「いや、南京までいらしたのだから、ぼくが」

二人は食券売り場に出掛けた。

「寺だった」

「精進料理だった」

中国であっさりしたおいしいうどんに出会えた。

「ビールを飲みたかったですね」

「おいしいビールをね」

お寺の食堂は見晴らしの良い所にあり、ゆっくりと体を休めるのにも、また、景色を眺めるのにも良い場所にあった。

久しぶりに日本の古都に来た思いだった。松尾さんはただ、ただ、しゃべり続けた。日本語で、しかも同じ専門分野で話せる相手は、南京にいなかったのであろう。

「飲み屋のおばさんが日本語話せて」

　どこかの離れ小島の小さな飲み屋で、彼がいっぱい飲みながら、人生を語っている姿が浮かぶ。

「はやく、日本に帰っていらっしゃい。お待ちしてますよ」

　南京は日本との暗い過去があるけれど、静かな空気が流れていた。

　歴史の中の暗い場面は、中国と日本だけではない、ヨーロッパに行っても小さな村々の中まで、戦争の爪痕は残っている。と、同時に新しい友好の風も吹き、さわやかな交流もされている。多分松尾さんも南京の中で新しい交流を作り上げているにちがいない。

黄山《ホワンサン》の事　十月二十八日から十月二十九日

「寒いから、これを」

マイクさんが厚いネルの上下の肌着を買ってきてくれた。彼がどのように女性用肌着を買ったのかと想像すると、妙ににやりとしたくなる。

「やっと黄山に行けるね」

やっとと言うには、訳があった。三回目の挑戦で決行となったのだ。

一回目は例の庶民ツアーで黄山行きのツアーに申し込み、勇んで当日、出発時間に行った。

「変よ、それらしい人がいない」

ぎりぎりにガイドが来るかと思ったけど、時間間際になっても来ない。変だと思い、係りに英語で、

「Today, We going to Hoeanson（黄山）」

「Come here」

小さな部屋に入れられた。

「Sorry It' was stopped by assembiy is fews」

夫が聞いた所によると、人数が少ないので、このツアーは取りやめになったとの事だった。

一泊旅行の荷物を持って呆然となった。


「this is penalty」

「百元」

というわけで、おじさんとおばさんは納得して、引き上げた。

二回目
「あった、黄山ツアー」

「このツアー決行ですか」

紙に中国語を書いて見せる。係りは奥に入り、しばらくしてから出てくると、

「NO」

と、簡単に却下された。

「変よ、他の人は大丈夫みたいよ」

納得いかなかったけれど、ここでは突っ込む言語力も勇気もなく、引き下がる事にした。

中国では、外国人が宿泊出来るホテルはある条件が決められている。そんな条件が災いしているのかもしれない。

「深く考えない事にしましょ」

「個人で行くしかないか」

「老夫婦二人では無理」

夫婦の落胆ぶりを見た、友人のマイクさんが、手を貸してくれた。そうそうマイクさんは、名前は西洋式呼び名であるが、外見も中身も中国人である。不思議な事に中国では西洋風な愛称を持っている人がたくさんいる。ファンファンや、キティー、その上、日本名まである中国人の友人がいる。おそらく、自分自身でつけた名前だと思うが、とても便利である。

まあ、おばさんもこの日記を書いている名前の山野なつみは本名ではない。ちなみに本名は別である。中国だけが別名ありではないけれどおばさんは外国名は主義としてつける気持ちはなかったが、

「まて、もしかしたら、スカーレットなどと名乗ってみたら人生変わっていたかもしれない」

別名のつけ方を間違えた。「スカーレット・なつみ」なかなか良い。いや絶対良い。

さて黄山の話に戻そう。そのマイクさんが、

「安い旅行会社に申し込めば、この近くにあるから連れて行ってあげる」

そんな訳で、三人は天文台前の南丹路をまっすぐ西へ向かった。

「こんな近くに、あったのか」

「ああ、見た事ある。中国の航空会社の支店かと思っていたわ、同じ名前だから」

「春秋航空、うん」

春秋旅行会社は社員の一人が英語もオッケーなので、マイクさんは英語で交渉を始めた。彼はアメリカに長く暮らし、元奥さんはアメリカ人と聞いていたが、今はお一人なのか、結婚しているのかよくわからない。息子さんの話は時々聞くけれど、奥さんの話は出ない。中国は夫婦別姓なので、結婚しているのか、離婚しているのか、独身なのかは親しくなっても不明である。なんと、便利な国なのだろう。おばさんの子供三人の内二人は独身である。周囲から、

「まだ、結婚してないの」

とばればれの突っ込みが入る。二人の結婚はおばさんの願いと懇願であるけれど、上海行きで途絶えている。上の息子は結婚しているが、会社の研究所にいながら何やらテレビで「〇〇〇受けたい授業」で先生をしたり、少し道をはずしている。悪友は「母親似ね」

と言っている。

さて、黄山への旅行は決行の段階にやっと入った。

「個人旅行ではなく、現地集合のツアーになります。外国の方なので百元余計にかかります」

こちらも個人より、団体の方が人を見て行動出来るので便利である。願ってもない事になった。百元だって惜しくはなかった。

「来週のこのツアーがいいでしょう」

もう、寒くなっているかもと、マイクさんが心配して、肌着を買ってくれたのである。

当日、指定された列車は、

「ええ、ヤッター」

「一度乗りたかったものだ」

長距離寝台車で、しかも、庶民的な三段ベッドなのだ。

「良かった、一番下よ」

「一番上だ」

いつもはおじさん大事ではあったが、一番上はとても自信がないから下のベッドに、おばさんはそうそうに陣取った。

「最高の経験ね」

日本のテレビの中国の旅編で長身のタレントの「関口」さんがこんな列車に乗っていた。見ていて、乗ってみたいと思ったが、夢のまた夢だった。

「眠れないかも」

「黄山に行くのだから眠ろう」

隣のベッドでは女の子が一生懸命に英語を勉強している。

「Halo are you student?」

「Yes I' m going to an examination on University」

食パンをかじりながら彼女はにこっとした。上の段には父親らしい人が彼女にお茶を手渡している。親子で多分これからその大学方面に向かっているのかもしれない。

中国の未来がとても明るく思える。


「はい、この帽子をかぶって」

日本だったらバッチなのだけれど、ここは人数が多い。人、人、人とかさなって歩くので、リボンなんて見えない。帽子はすぐにわかる。

使い古されたマイクロバスに乗り、いよいよ黄山に向かった。

周囲はのどかな田園風景、菊のような花が畑一杯に栽培され、白い色と黄色い色の美しい丘が近くに、遠くに配色され、上海の都会とは違った中国の原景色である。

曲がりくねった道を、マイクロバスはだんだんに奥深く進んで行く。


一台のマイクロバスが道脇に止まり、乗客が物言いたげに通る車を見上げている。

「故障らしい」

運転手らしい人が手を挙げ、何やら叫び、こちらのガイドに頼んでいる。

「・・・」

ガイドは横に置いてあったジャッキを取り、渡してしまった。相手はそそくさと自分の車の修理に取り掛かり、おばさんたちの乗った車は出発した。


こちらの運転手がガイドにナニヤラ怒った「####」

「・・・・」

ガイドも叫んだ。


それからだ。おばさんたちの乗ったマイクロバスは、のろのろ運転になったのである。

今にもエンストしそうな動きで、運転手のサボタージュらしい。ようは、大事なジャッキを貸した事に抗議をしているらしい。黄山登山は早くも難しい展開になった。

「もう少しね」

乗客らが不安顔になった頃、今度は急にスピードを出した。中国での交通ルールはいつ大事故になってもおかしくない危なさがあるから、みんなひやひやしながら、成り行きに任せた。ここで命落とすも運命かとあきらめた頃に終点に着いた。

「こわかった」

「・・・・」

お隣の人と思わず顔と目で言葉を交わした。

みんな無言でマイクロバスから足早に離れた。

「・・・・」

ガイドさんは何事もなかったように歩き始めた。さあ、登山である。見失わないようにガイドさんの服装を頭に入れた。人が多いので、見失ったら迷子になる。

「えっ、これって断崖に張り付けた道」

日本では絶対こんな道を作らない。岸壁に金網のようなものを上から吊るし、岩に鉄パイプをさしそこに板を乗せ、しかも板と板の間からは絶壁が丸見えである。最初からこんな道、この先は登れるのだろうか。おじさんを見ると、及び腰で岸壁の岩に手をしっかり添えて歩いている。おじさんはこうした下が見える場所は大の苦手なのである。


「次は階段」

「えっ、これって滑り落ちたら谷底」

階段の幅は広いのだがカーブしていて、カーブの根元の幅は狭く、外側の出先の幅は広く、しかもその先には手すりが付いていない。幅が広くてもむき出しのカーブ階段である。

「絶対事故がある」

「一人二人減っても、中国は人口が多いから心配ないのよ」

以前聞いた、上海人の友人の声がすぐそこで響いている。

混んで来たら、外側になったら、おばさんは急いでその場所を歩き切った。擦れ違いには子供を抱いた女性が、軽やかに行く。中国に安全という言葉はあるのだろうか、絶対ないと思う。

「フー」

登山道はまだまだ険しい。見上げると、絶壁に頂上に向かって、何十メートルもの鉄の梯子がまっすぐに伸びている。

「あれ登るの、でも、ここより早く行けそう」

どうせ危険な道なら、はやく過ぎるほうがいい、おばさんが行こうとすると、

「NO」

ガイドさんが首を振った。無理だから、下のぐるぐる階段をと、指で示した。

「決まっているだろう、お前さんには無理だ」

おじさんにだって、絶対無理である。もっとも、若者にはあちらへどうぞと、ガイドさんは垂直の鉄階段を指差していた。とんでもない差別である。

最初から難関続きに、だんだんとおばさんの神経も中国人並みになり、一つの頂上に着いた頃には危険という言葉を忘れた。

「すごい、まるで南画の岩山の峰々」

有名な岩山が目の前に広がっていた。

「your hotel is, over the it ######」

夫の通訳では外国人はみんなと一緒のホテルは泊まれない。違ったこっちのホテルにな

る。来い、と言っているらしい。

連れていかれた所は豪華な赤い建物のホテルであった。

「ここって、また、党関係の所では」

そうらしかった。なぜなら、入口のレストランにははっきりと、

「党関係はこっちのテーブル」

と書かれていた。

登山と危険からの解放で、今は食べられるものを食べ、ゆっくりと横になれれば良いと
おばさんは感覚がマヒしていた。

「日の出を」

ガイドさんは日の出を見る場所を教えてさっさとホテルを出て行ってしまった。

バイキングの残りを拾い集めて食事を済ませ、黄山の夜になった。部屋は大変良い。

シーツ、枕、その他小物にカーテンはシルクで肌触りは最高、調度品、カップも立派である。なんだか党幹部になったような気分で、早々に眠ってしまった。もったいない。

「日の出」は実は見えたような見えなかったような感じなのだ。雲と、暗さと、峰々の間に見晴らしの良い所は人、人、人だから・・・・

帰路は「ロープウェイ」

これが一番に圧巻であった。危ない道はなく、踏み外す危険もない。黄山の山々を一望に出来、スムースに地上近くに着いた。

「中国の岩山に登ったのよ」

「うん」

これは自慢に値する。改めて黄山のパンフレットを開くと雲間からタケノコのように岩山が突き出ている。これは日本の悪友たちに見せて、おばさんの低い鼻を高くする事が出来そうである。

帰路もまた、寝台列車、今度は二段ベッド、横になると、上も下も同じ気持ちになり、ぐっすりの夢の国へ出発出来た。落ちても高々三メートルぐらいである。黄山の危険よりはずっと安全だから…

宿舎のベッドはもっと安全。

「行ってきたね」

「うん」

言葉は少ないけれど、お互いに山ほどの満足感があった。黄山の解説はおばさんのスケッチで文としたい。

帰国が時間読みになる頃

「もう一年延ばさないかとシェーンさんが言ったけど」

おじさんはどうするとは聞かない。もう決まっている。

「いいわよ、まだ行ってない所一杯だから」

おばさんは上海の友人たちの事、まだまだ足を延ばしたい奥地や、気に入った杭州など、後一年あったらとちょっとだけ嬉しいと思っていた。

「いや、帰る。若葉台の家をあのままにしておくと良くないから」

ではない。若葉台に帰りたいのである、おじさんは。

「そう、では残りの日々は観光三昧にしよう」

という訳で、日曜日ごとに日帰りの近場観光の旅を探した。まずは庶民ツアーの上海遊旅中心館へ行き、日帰りの安いツアーを。これがたくさんあるので、びっくり、今までとても損をしていた気がした。

朱家角

上海の南東約四十km、淀山湖のほとりにある水郷が朱家角。またの名を珠街閣ともいう。その歴史は一七〇〇年以上時代をさかのぼった三国時代に始まるという。街の中には運河が通り、明時代には水上交通により、商業の中継地として栄えた。白壁と瓦屋根の民家が連なる風景は昔ながらの江南地方の風景を今に伝えている。「上海のベニス」とも呼ばれる、静かでゆったりとした町。

ここへは、例の体育館横の庶民ツアーの安いバスツアーで参加。近くなので、半日ツアーで行ける距離であった。朱家角は水郷古鎮で上海から東南四十キロの所にあり、三国時代の貴族の家がある。ちなみに鎮は町という意味である。

バスに乗ると、最初は都会、次は住宅街、そしてのどかな田舎風景、上海の景色に慣れてしまった目に、昔ながらの中国の景色が、まるで時のフィルムを逆にまわしているように広がる。

「ここ？」

「三時にここ集合」

ツアーとはそこまで送り、帰りには集合場所から上海まで連れ帰るという事であった。

安いはず、バス代だけなのだ。

おろされた場所は、草畑を広げたような空地を少し整備したターミナル？　であり、見た所水郷は見えない。ところが、ほんの三分ぐらい歩くと、右に古い町の入口が現れる。運河を挟んで左右に街並みが続き、細い路地もあり、小さな店も続く。

入口の右に、京劇に出てくるような貴族の庭園が奥深く広がっている。

「ここいいわ」

「ほら、太極剣の剣もある」

「折りたたみでなく、ちゃんとした本物の剣よ」

二人はもっぱら剣探しに集中した。なぜなら、帰国間近かになり、日本で太極剣クラブを作る夢を見ていた。みんなで剣の舞う姿が、頭の中でくるりとしている。それには剣が必要だったのである。

「買っていこうかしら」

「そうだなあ、一ついいかなあ」

お昼は水郷を見ながら、小さな店で、訳のわからない中国料理を食べた。とてもいとおしく名残惜しげに。

「確かここよね」

迎えのバスがいない。置いてきぼりになったら、上海に帰れない。他の乗客も来ない、来ないとざわめいている。中国での時間に定刻という設定はない。

「あれよ、良かった」

時間ぎりぎりにバスは来た。ガイドさんはいない、点呼もなく、案内もない中、ガタンとドアは閉められ、庶民ツアーは無事に終わった。

「近いから、またゆっくり来よう」

「もう時間がないわ、帰国はすぐだから」

尚湖《シャンフー》

上海の日本人情報誌には「ジャピオン」以外に「Feature」という情報誌がある。上海から日本に帰国するまでには、まだまだ行ってみたい所や、経験したい事が山ほどある。とりあえず、バスを使って日帰り観光地と思った時に「Feature」に一時間半ぐらいで行ける、おすすめ観光地紹介の特集記事が載った。

まず、最初に常熟という文字で自然豊かな町、尚湖というきれいな湖があると言うフレーズが目に付いた。

最初はそこにと決めて、長距離バスのターミナルへ。紹介によると、早い便で八時発があるとか。しかし、その場所がわからないのである。

「上海南汽車帖（帖は駅の事）」

タクシーの運転手はここだと言いたげに指で指示して、老夫婦を降ろすと、かかわり合うのはいやと、走り去ってしまった。

「あの守衛さんに聞こう」

バスは確かに何台も並んでいるが、乗客はいない。

「こっち」

指差し案内は違った方向をさした。それは最初に歩き始めた道のすぐ横だった。バスは行先ごとに出口があり、チケットを買って、時間を待つだけである。

そんなに大きくない平屋の建物の中の事、チケット売り場もすぐ脇にあり、中国には珍しく、混んでもいず、すぐに買えた。

「常熟長途帖（常熟長距離駅）ゆき？」

「OK、四十元」

日本の観光バスを少し使い古したようなバスであるが、乗り心地はいい。長距離バス旅行の出発は難なく出来た。

「バスの旅はいいなあ」

上機嫌で景色を眺めた。中国はほんとに広い、まだまだ、畑にしてもよさそうないい土地がずーとある。

「うらやましいわね」

「うん」

老夫婦の故郷は、長野の狭い農地を丁寧に耕して、段々畑にしている姨捨のすぐ近くの小さな町である。広い農地があったらどんなにか豊かな生活が出来たろうと、バスの窓の外を見続けた。


常熟帖から百二十号巡回バスに乗り尚湖二元。おおらかな尚湖はバス亭から少し歩いた。方向音痴のおばさんはこういう時はおじさん任せになる。おじさんは、

「太陽がこっちだから、南はこっち、えーと地図からみると、尚湖はこっち」

天文学が専門だけに東西南北は確かに正しい。太陽からの距離で計るのだから。

途中に中国の静かな町には珍しい楽器店があり、白いグランドピアノがどーんと鎮座している。思わず、

「ニイハオ、我弾」

ポロンポロン、重厚ないい音をちょっとだけ出させてもらった。それだけでおばさんはこの町が大好きになった。

尚湖はただ眺めるのにはとてもいい。若者たちが笑いながら、遊んでいる。長距離バスの初体験が一番の目的であったので、老夫婦は少し疲れながらも、達成感があった。

「観光案内では詩人の碑があるらしい」

「次の機会にするわ、今日はこの穏やかな景色で満足」

一回目の長距離バスの個人日帰り観光は楽しく終わった。

江蘇省　太倉の砂溪鎮《シャーシーチェン》

尚湖に続いて、例の上海の南汽車ターミナルから定期バスで出発し、約一時間半の所に二十元で行ける太倉の砂溪鎮《シャーシーチェン》があった。ここは安い。次の小旅行はこの鎮（町の意味）にした。太倉帖まで長距離バスで次は循環の地元バス二〇五号に乗り、親切な地元の人の指差し案内で、長江の南岸にある古い運河街に出た。宗、元の時代に町が出来、明、清の時代には富豪の住宅が立ち並ぶ商業都市として繁栄。今も長い石畳の両側には漆喰の城壁に黒の瓦屋根が運河沿いには民家が並び、官僚の「進士」がここからは多く輩出したという。

屋根つきの橋もあり、景色は穏やかである。

「静かね、住民は何をしているのかしら」

上海の騒音と比べると、観光地でありながら人通りはほとんどない。

「いた、人々が」

民家の奥に何人かが座り、何やらしている。

「えっ、麻雀、いや花札みたい」

静かな優雅な民家とはちょっとマッチしない。

「こっちの家でも」

昔「進士」さまが本に没頭した民家は、少し変わって、花札で集うクラブの町になっていた。

「でも、この町好き、家々と運河と静かな石畳がいいわ」

石畳の道は、民家の小さな路地まで続き、橋の上から民家の庭の緑が、自然のままでタイムスリップしたような気分になる。若く、きりりとした進士さんが、古い民家の窓辺で一心不乱に勉強している姿が、おばさんにははっきりと見えた気がしているが、目の前にはばくち打ち姿がちらちらちらとしている。

帰国の準備いろいろ

「引越し屋さんは、どこに頼む」

情報誌の「ジャピオン」には日本人のための引っ越し屋さんの住所があった。

「もしもし、荷物なのですが、段ボール五個ぐらい日本に送りたいけど、いくら位ですか」

「ここは、大きな引越しなのです。小さいものはしません」

どこに電話しても同じ答えだった。

「前にいた、Kさんは日通へ頼んだみたいよ」

高そうである。

「郵便局から少しずつ送ろうか」

それは正解であった。

「いくらで送れるか、聞いて来てくれ」

おじさんは、いとも簡単に聞いて来いと言っているが、そんな簡単ではない。

でも、それがクリア出来ないと、日本には帰れない。幸い、郵便局は近い、歩いて行ける。

「行ってくる。まず、このいらない夏物の衣類を送ってみるわ」

「誰が受け取るのだ」

そうでした。日本の我が家には誰もいなかったのでした。

「では、聞くだけにする」

これが大変難しい。送るなら作業の過程でどうなるかの実践からわかるのだけど、質問したくても言葉がわからない、答えの説明も聞く難しさがある。


「船便？　飛行機便？」

「船便」

申込用紙は、英語で書かれている部分がある。

「How much pack off to Japan by surface mail ?」

係りのおじさんはもっと困った顔をした。

つまり、英語がわからないらしい。

「トーショーチェーン（いくらですか）」

おじさんは、あわてて、その辺の紙に数字を書いた。二つ、つまり、高い値段と安い値段。ここで、おばさんのその場限りの直観が働いた。

「日本着日？」

でたらめの漢字である。

「三（さん）週間」

大きさはどのくらいだろう。これはどのように聞こうか、まて、みんなの様子を見よう。しばらく、郵便局の入口に退いた。


「わかった」

荷物は自分自分で袋に入れてきて、窓口で緑色の段ボールを買って、さっきの窓口のおじさんが一つ一つ荷物を確認して、手際よく荷造りしている。

「これって検閲」

おばさんは古い、古着のような老夫婦の衣類が気になってきた。

緑色の段ボールはどうも三種類ぐらいあるらしい。

「ふーん、で、空港便はいくら」

「高そうだったから、船便にするつもりだったから忘れた」

「まあ、しっかり荷造りすればいいか」

「そうね、そんなに大事なものないから大丈夫」

キーボードは一番大きな段ボールにも入らない。来る時は手荷物で持ってきた。

「簡単だよ、ほしい人にあげればいいだろう」

そのつもりであったけど、頭の中ではいろんな人の顔が浮かんだ。中国では楽器はもてるのだ。大きな段ボール箱で、四個あれば引っ越しは可能だと部屋の中身を見渡した。

「ヤッター、日本への帰国が簡単だ」

これからは本を買わないように、おじさんにくぎを刺した。郵便局まで持っていかなければならない。衣類は軽いけど、本は重いのである。


細長い緑色の段ボールは丈夫に出来ているが、荷造りの紐やバルコテープはどこに売っているのだろう。そんな心配も、帰国がまぢかとなると、楽しいものであった。

「一番の心残りは」

公園である。毎朝の日課の健康時間がつらくなってきた。言葉が通じなくても、

「ヤァー」

「お元気」

の片手挨拶が別れの言葉を言えないだけに辛い。

「言葉はもっと習っておくべきだった。私たちは年齢も顔かたちも同じ、多分、心の中だってそんなに違っていないに違いない」


別れの日が決まる頃には、職場関係、中国語教室関係、短歌会関係、フレンド関係の別

れの行事が続いている。

一番の心残りは、中国において行く、娘たち、息子たちの事である。

娘たちは中国語教室の「引き籠りママ」に「ギャルママ」「異国に嫁いだママ」彼女たちの未来はバラ色なのだろうか、とてもわからない色彩になるような気がしている。

息子たちは夫の研究者仲間の若い移動ドクターたちである。彼らの将来も未来の色がわからない。

いや、考えると上海に残る短歌会のみんなもフレンドのみんなも未来の色がわからない。

ただ、わかるのは老夫婦の日本での色である。静かな静かな日本色で、上海で生活しているみんなには申し訳ない思いで涙が出るほど、心いっぱいになっている。

「なに言ってるのよ、私たちは上海で一旗揚げるのよ」

短歌会のみんながうなずいている
「私はこの上海しか生きる道がなかったの」

ちょっとさびしげな（引き籠り、いや、今は上海静かなるママ）

「私は中国と日本の二つの国を子供にプレゼントしたの」

中国語教室の中国に嫁いだ可愛い娘。

「私たちはどこにいても、貧しい子供たちの味方。そして日本人としてどこにいても強い誇りを持っているのよ」

フレンドのみんな。

「いつでも上海に戻ってこい」

太極拳のみんな。

「ピアノは何時でも弾きにおいで」

親切な楽器店の店主。

そして、名前も知らないけれど、いつでも店の前を通ると、通りまで出て来て
「待っていたの」

と声をかけてくれた画家街の友人。今でも待っているに違いない。

まだまだいた。

「あんたは四元と七元の発音が悪くてね、今度買い物に来る時はちゃんと覚えておいで」

と、言われそうなスーパーのレジのおばさん。

「少しあわて者の日本のおばさんはまた来ます。中国はまだまだ変わり、みなさんの楽しみだけでなく、厄難も起き続く時もあるかもしれませんが、その時も変わらないままでいてくださいね」

次に来た時は、みんなは忘れていると思うけど、おばさんは忘れません。上海は実家に帰るより近いのですから。

郵便局に四回荷物を運び、係りのおじさんの前で安物の衣類や、こまごまとした本、絵

画の道具などを検閲してもらい、係りのおじさんの手際よい荷物さばきに感心。

「ＯＫ」

おじさんは最後には衣類や紙袋の中身などは見ずに詰めてくれた。

「ありがとうございました」

そうそう忘れられないのは、宿舎のお掃除してくれたおばさんたちです。部屋の掃除はおばさんの所は、

「きれい、掃除する必要ないね」

という訳で、お世話になった訳ではないが、同世代の顔形、友人になっていた。

「今度いつ来る」

そんな顔の彼女たちの肩をそっと抱きしめた。言葉はわからないけれど・・・・

「帰国のチケットだ、なくすと帰れないぞ」

なくすものですか、バックの中の一番出しやすく、なくさない場所に入れた。

「このチケットの帰り、つまり羽田から上海は」

安いチケットは往復で買い、しかも観光旅行の十四日の期間付きである。

「一方だけキャンセルは」

「出来ないだろう」

という訳で、おばさんの手ものには羽田空港から上海虹橋空港までのチケットが残っている。


羽田空港で半券の上海行きの指定の飛行機が出発時間になり、

「山野なつみさん、いらっしゃいましたら至急、出国出口においでください」

空港アナウンスが鳴り響いている。おばさんの胸の中で今でも・・・

さようなら中国の皆さん

その横顔　（この詩を作ったのは帰国まぢかの頃である）

短く切った髪をほんのわずか揺らし
あなたもと　悲しげに目をそらす
何回もそんな事あったとその横顔が言う

外は上海の日本人街
ボランティアの作業場はあなたのマンション
被災地への援助
少数民族の子供たちへの学校づくり
ボランティア団体
「互人多（フレンド）」は絆

「来週帰国をするの」
やっとあなたに伝えた会話
ボランティアの仲間がシーンとなる

一瞬後
何事もないようにまた会話が始まった
あなたの横顔は
私の頭の中で大きく居座っている
今　日本の景色を眺めれば　なお

完

山野 なつみ（やまの・なつみ）

神奈川県在住
長男は「世界一受けたい授業」で活躍中の平林純氏
児童文学“街角のビートルズ”他
詩集“時間《とき》のレシピ”他、詩誌“まひる”“いのちの龍”同人
夫は天文学者である

上海おばさん日記

2015年8月18日発行

著　者　山野なつみ
制　作　風詠社
発行所　ブックウェイ
〒670-0933　姫路市平野町62
TEL.079 (222) 5372　FAX.079 (223) 3523
http://bookway.jp
印刷所　小野高速印刷株式会社

ISBN978-4-86584-061-2